2019 年第 2 辑

价值论研究
RESEARCH ON AXIOLOGY

2019, No.2

孙伟平　陈新汉/主编
上海大学价值与社会研究中心
中国辩证唯物主义研究会价值哲学专业委员会 /编

上海大学出版社
SHANGHAI UNIVERSITY PRESS

图书在版编目（CIP）数据

价值论研究. 2019 年. 第 2 辑 / 孙伟平, 陈新汉主编. —上海：上海大学出版社，2020.9
 ISBN 978 – 7 – 5671 – 3947 – 3

Ⅰ. ①价… Ⅱ. ①孙… ②陈… Ⅲ. ①价值论（哲学）—研究 Ⅳ. ①B018

中国版本图书馆 CIP 数据核字（2020）第 189433 号

责任编辑　王悦生
封面设计　柯国富
技术编辑　金　鑫　钱宇坤

价值论研究（2019 年第 2 辑）
孙伟平　陈新汉　主编
上海大学出版社出版发行
（上海市上大路 99 号　邮政编码 200444）
（http://www.shupress.cn　发行热线 021 – 66135112）
出版人　戴骏豪

*

南京展望文化发展有限公司排版
江苏凤凰数码印务有限公司印刷　各地新华书店经销
开本 787mm×1092mm　1/16　印张 12.75　字数 196 千字
2020 年 11 月第 1 版　2020 年 11 月第 1 次印刷
ISBN 978 – 7 – 5671 – 3947 – 3/B·118　定价 79.00 元

版权所有　侵权必究
如发现本书有印装质量问题请与印刷厂质量科联系
联系电话：025 – 57718474

《价值论研究》编委会

主　　　任　李德顺
副 主 任　孙伟平　陈新汉
委　　　员　(按姓氏笔画为序)
　　　　　　马俊峰　王天恩　文　兵　尹　岩
　　　　　　冯　平　宁莉娜　刘进田　刘绍学
　　　　　　江　畅　孙伟平　李德顺　邱仁富
　　　　　　汪信砚　陈新汉　胡海波　段　勇
　　　　　　黄凯锋　韩　震

主　　　编　孙伟平　陈新汉
副 主 编　尹　岩　邱仁富　刘　冰
执 行 编 辑　(按姓氏笔画为序)
　　　　　　于　洋　王　臻　伏志强　杨　丽
　　　　　　吴立群　沈海燕　张亚月　张艳芬
　　　　　　彭学农

名家访谈

编者按 ······ / 002

价值论是中国传统哲学的核心
　　——赵馥洁教授访谈 ······ 赵馥洁　孙伟平 / 003

在三十余年挖掘评价论"井"中开拓价值哲学
　　——陈新汉教授访谈 ······ 陈新汉　尹　岩 / 029

改革开放40年中国价值论研究

当代中国价值哲学研究的历史逻辑 ······ 杨学功 / 051

社会主义核心价值观研究

关于社会主义核心价值观建设状况的反思
······ 孙伟平　周　丹　伏志强 / 081

新时代培育和践行社会主义核心价值观的三维哲学透视 ······ 张永奇 / 103

文化与价值研究

当代哲学的价值论需求 ······ 莉迪亚·阿米尔　著　吴必健　译 / 121

价值论视阈中马克思正义观的研究方法反思 ······ 温　泉 / 126

价值实践问题研究

论新时代社会主义核心价值体系构建中的共同富裕 ………… 邱仁富 / 139
中国行政价值观的总体特征与完善路径 ……………………… 杨舒涵 / 153
《神圣家族》伦理思想的特质 …………………………………… 任帅军 / 166

研究动态

马克思主义价值哲学思想及其中国化
　　——第二十一届中国价值哲学年会综述 ………… 张　旭　戴圣鹏 / 181
人是价值论研究的永恒主题
　　——"价值与人"高端学术论坛综述 ……………………… 赵精兵 / 186

Contents

Celebrity Interviews

Leaderette ·· /02

Value Theory Is the Core of Chinese Traditional Philosophy

   —Professor Zhao Fujie's Interview ········ *Zhao Fujie and Sun Weiping* / 003

Developing Axiology During the Excavating Evaluation Theory

   More Than Thirty Years

   —Professor Chen Xinhan's Interview ········ *Chen Xinhan and Yin Yan* / 029

Research on China's Axiology in the Past 40 Years of Reform and Opening-up

Historical Logic of the Study of Axiology in Contemporary China

                                                                         Yang Xuegong / 051

Research on Socialist Core Values

Reflections on the Construction of Socialist Core Values

                               Sun Weiping, Zhou Dan and Fu Zhiqiang / 081

Three-dimensional Philosophical Perspective on Cultivating and Practicing

   Socialist Core Values in the New Era   *Zhang Yongqi* / 103

Research on Culture and Value

The Axiological Requirements of a Contemporary Philosophy
        Written by Lydia Amir Translated by Wu Bijian / 121

Reflection on the Research Methods of Marx's View of Justice from the
 Perspective of Axiology   *Wen Quan* / 126

Research on Value Practice

On Common Prosperity in the Construction of Socialist Core Value System
 in the New Era   *Qiu Renfu* / 139

The General Characteristics and Perfecting Path of China's
 Administrative Values   *Yang Shuhan* / 153

The Characteristics of the Ethical Thoughts of *the Holy Family*
                 Ren Shuaijun / 166

Research Trends

Marxist Axiology and Its Sinicization
 ——A Summary of the 21st Annual Conference of Chinese Axiology
            Zhang Xu and Dai Shengpeng / 181

Man Is the Eternal Theme of the Study of Axiology
 ——Review of the High-end Academic Forum on "Value and People"
                Zhao Jingbing / 186

名家访谈

Celebrity Interviews

编者按

"文革"结束之后所开展的关于人道主义和异化问题的讨论，特别是关于真理标准问题的大讨论，使中国的价值论研究在整个社会"痛定思痛"的反思中蓬勃发展起来。正如有学者明确指出的，"价值论作为马克思主义哲学基础理论分支的地位得到了广泛承认和明确肯定"，"价值论作为哲学基础理论的地位日渐巩固"，"价值论至今已成为中国哲学中的显学"。今天，价值论研究已经由哲学领域拓展并深入政治学、法学、经济学、社会学、历史学、文艺学、教育学等多个学科领域，学者们发表的相关论文、文章数以万计，专著、调研报告和教材数以千计。在价值论40多年的发展历程中，中国诞生了世界上最为庞大的一支价值论研究队伍，涌现出了一大批领军式的人物。他们著书立说，在中国价值论理论研究方面饶有创造性的建树；他们开课传授，对中国价值论研究的队伍建设和学科传承做出了不可磨灭的功绩。在庆祝新中国成立70周年之际，本辑特辟《名家访谈》专栏，对中国价值论领域的著名学者的研究历程和成果予以记录，为中国价值论史留下宝贵的学术资料，并冀此对中国价值论研究予以反思，促进中国价值论进一步创新发展。

价值论是中国传统哲学的核心

——赵馥洁教授访谈

赵馥洁　孙伟平

【赵馥洁教授简介】 赵馥洁，西北政法大学资深教授，校学术委员会名誉主任，博士生导师。曾任陕西省社会科学界联合会主席，现任该会名誉主席。现任陕西省哲学学会名誉会长、陕西省价值哲学学会名誉会长、中国价值哲学学会学术顾问、中国实学研究会学术顾问、中国哲学史学会理事、国际中国哲学会中国大陆学术顾问等职。长期在高校从事哲学教学和研究，是著名的价值哲学和中国哲学史专家，主要学术贡献是开拓性地研究了中国传统哲学价值论，建构了中国传统哲学价值论的理论体系和演变历史，受到了国内外学术界的高度评价。先后主持国家社科基金项目"中国传统哲学价值论研究"、陕西省社科基金项目"中国传统价值观的历史演变"、教育部重点项目"爱国主义的历史演变"等。出版专著《中国传统哲学价值论》《价值的历程——中国传统价值观的历史演变》《中华智慧的价值意蕴》《哲苑耘言》《关学精神论》等多部，合著《中华民族爱国主义史论》、主编《中国儒学史》、参编《中国儒学百科全书》等著作。公开发表学术论文200余篇，曾获首届中国国家教委人文社会科学优秀成果二等奖、陕西省政府社科优秀成果一等奖等奖项10多项。被授予享受国务院政府特殊津贴专家、全国司法行政系统英雄模范、全国师德先进个人、陕西省师德标兵、陕西省首届社科名家等荣誉称号。

孙伟平（以下简称"孙"）： 请您结合中国价值论的兴起和发展，简要谈谈自己是如何走上价值哲学研究之路的。

赵馥洁（以下简称"赵"）： 我 1964 年 7 月于西北政法大学哲学系毕业后留校，从事哲学教学，曾先后在西北政法大学和陕西师范大学任教，从 1979 年 4 月至今，一直在西北政法大学从事中国哲学和传统文化的教学与研究工作。

我从事哲学教学与研究工作近 50 年，可以分为两个阶段：第一阶段是 1980 年前，主要进行马克思主义哲学的教学和研究；第二阶段是在 1980 年以后，转为从事中国哲学史的教学和研究。

20 世纪 80 年代初，价值哲学研究在我国兴起。其兴起的主要原因如下：① 改革实践的要求。改革的目的是解放和发展生产力，发展生产力的目的是满足人民日益增长的物质、文化、精神需要。满足人民需要就是生产的价值和意义。同时，改革过程中出现的效率问题、利益问题、公平问题等都是价值的表现形式。② 真理标准讨论的深化。在真理标准讨论的深化中提出了诸多问题，如实践的成败标准、实践的目的的含义、认识的真实性与认识的合理性、认识性真理与价值真理等问题。这些都引发了对价值问题的思考。③ 异化和人道主义讨论的引发。这两个问题的核心是人的价值问题。④ 现代西方哲学思潮的触发。70 年代末至 80 年代初，传入中国的存在主义、尼采哲学、西方马克思主义、弗洛伊德主义都关涉价值问题。

在这样的背景下，学术界发表了许多探讨价值的文章和著作。我自己研究中国传统哲学的价值问题，主要是受了这些文章和著作的启发。例如，1980 年，学者杜汝楫在上海《学术月刊》第 10 期发表《马克思主义论事实的认识和价值的认识及其联系》，认为关于事实和价值的讨论，在西方哲学史和政治哲学史上占有重要的地位。故而该文在论述事实与价值联系的同时，着重表明何以实践的观点是马克思主义认识论的根本观点。该文强调，"社会实践是价值真理的客观标准"，"在马克思主义哲学里，社会实践作为社会事物的真理标准，不论对于事实问题或者价值问题来说，都是适用的。在社会历史的领域里，'真理'这个词本来就有两种含义：或指真实性而言，或指合理性（正当性）而言"。该文引起学界重视，何祚榕特别在《光明日报》（1981年8月8日）上发文推介。1982年初，罗国杰在《哲学研究》第1期发表《试论马克思主义伦理学的价值观》一文，从伦理角度阐发价值观。他说："'价值'本来是一个含义很广的范畴。一般来说，它是物质客体、人们的社会实践活动和社会意识现象所具有的一种属性，这种属性体现着这些物质客体、社会实践活动和社会意识现象对一定的社会、阶级和个人所具有的意义。在伦理学上，道德意识、道德规范、道德活动，对人们具有重要的意义，具有重要的价值。某一事物如果它对人们具有几种不同的意义，那么它就具有几方面的价值。"1982年9月18日刘奔、李连科在《光明日报》发表《略论真理观和价值观的统一》一文，提出主客体的矛盾是贯穿实践过程的基本矛盾，真理与价值问题就是在这个基础上发生的。1985年，李德顺发表《真理与价值的统一是马克思主义的重要原则》（《中国社会科学》1985年第3期）一文，从人类实践中"两个尺度"有机统一的存在论，分析了真理与价值的辩证关系，并从主体角度来考察这一问题。1985年李连科著的《世界的意义——价值论》由人民出版社出版。该书认为：马克思主义哲学应包含价值观点，马克思主义经典作家虽然没有创立一个价值论体系，但始终没有忽略价值问题，并提出"主体—客体关系问题，是马克思主义哲学的中心问题之一，也是正确了解价值问题的理论前提"。

特别是北大中国哲学史专家张岱年先生的《中国古典哲学的价值观》（《学术月刊》1985年第7期）、《中国哲学关于人生价值的思想》（《中国哲学史研究》1987年第1期）等论文，对我启发很大。张岱年先生提出的一个主要观点就是"价值论是中国传统哲学的核心"。他在文章中指出了中国古代有哪些主要的价值范畴，并用这些价值范畴来表达中国民族的一种价值观念。他还对我国古代儒、道、墨、法以及两汉、宋明时期学者的人生观和道德价值观作了分析。我受到这些文章，特别是张岱年先生的论文的直接启发，开始研究中国传统哲学中的价值论。

我发表的第一篇研究中国传统哲学价值论的文章是《中国传统哲学的价值观》。该文是为1987年11月在西安召开的"价值论与价值观念变革"学术研讨会提供的论文，会后收录于《价值和价值观》（陕西师范大学出版社，1988）一书中。该文分析了中国古代哲学家对价值是什么的看法和观点，认为中国古代哲学中蕴涵着丰富的界定价值的论述，回答了价值是什么的问题。以往的中哲史研究，未对这些宝贵思想予以关注。我当时感到研究中国哲学，有很多路子可走，中国哲学中也有很多问题没有被重点开拓，我觉得价值问题就是中国哲学里一个非常重要的问题，但是没有很好地研究。从此我就明确地把中国传统哲学价值论作为自己的研究方向，相继发表了《价值论是儒家哲学的核心》（《哲学动态》1988年第8期）、《儒家哲学的价值论》（《人文杂志》1988年第3期）、《儒家的价值目标论》（《西北政法学院学报》1988年第3期）、《论〈易传〉的价值观》（《人文杂志》1989年第6期）等论文，展开了系统的中国传统哲学价值论的研究。1989年我申报了国家社科基金课题"中国传统哲学价值观研究"，获准后于1991年完成。《中国传统哲学价值论》（陕西人民出版社，1991）就是这一课题的最终成果。

孙：您的代表著作《中国传统哲学价值论》是新中国第一部研究传统价值论的学术专著，请您介绍一下该书的主要内容。

赵：《中国传统哲学价值论》的内容由导论、价值原理篇、学派取向篇和范畴系列篇四部分构成。导论部分论述了价值论在中国传统哲学中的地位、中国传统哲学价值论的结构特征、中国传统哲学价值论的理论体系和研究中国传统哲学价值论的意义。价值原理篇阐发了中国传统哲学中的价值本质论、价值分类论、价值评价论、人类价值论和自然价值论等关于价值基本原理的内容。学派取向篇阐述了中国传统哲学最有代表性的四大学派的价值论特征和体系，即儒学的道德价值论、墨家的功利价值论、法家的权力价值论和道家的自然价值论。对每一学派大都从价值根据论、价值取向论、价值选择论、价值理想论和价值实现论考察其理论体系。范畴系列篇系统研究了中国传统哲学中的义利、德力、义生、德智、理欲、公私、群己、天人、真善美等九组基本价值范畴。三篇结构分别从原理、学派、范畴的角度展现了中国传统哲学价值论的基本理论内容。

孙：您在该书中提出了哪些重要学术观点？

赵：我首先提出了一个最核心的观点——中国传统哲学本质上是价值哲学，从而把中国传统哲学的本质特征概括为：自然与人伦合一、知识与道德融合、宇宙法则与治世规范统一、必然原理与应然判断贯通。就是说，中国传统哲学的所有论域都是以价值为宗旨的。传统哲学的本体论并非以宇宙的本质为认识的根本目标，而是借"天道"以明"人道"；传统哲学的认识论并非以认识的来源和规律为探讨的最终归宿，而是借"知行"以说"道德"；传统哲学的辩证法并非以世界的运动过程和规律为研究的至上兴趣，而是借"阴阳"以言"治平"，传统哲学的历史观也并非以历史发展的客观必然性为思考的终极意义，而是借"理势"以论"至治"。就是说，价值论渗透于哲学的各个领域，成为其他哲学问题环绕的核心。

其次，该书提出了中国传统哲学的价值观念体系，其体系是：以人为本位，以道德为主导，以功利和权力为两翼，以"自然无为"为补充，以群己和谐、天人和谐为真善美统一的理想境界的价值观念体系。所谓以人为本位，是指中国哲学价值论把肯定人的价值作为其全部理论的基础，全部理论都是为确立人在宇宙间的崇高价值而展开的。所谓以道德为主导，是指在中国哲学中，道德处于比其他价值更高的层次，并指导和制约着其他价值的选择。所谓以功利和权力为两翼，是指在以道德为主导的前提下，物质利益价值和政治权力价值仍有重要地位。所谓以自然无为为补充，是指在尊重人的能动作用的前提下，同时强调顺应自然，不任意妄为，以缓冲由于推崇人的能动性而形成的人与自然之间的张力。所谓以群己和谐、天人和谐为真善美统一的理想境界，是指通过上述各价值要素在自身所处的价值层次上发挥作用，从而实现个人、群体、社会之间，人和自然之间的高度和谐，达到真善美统一的理想境界。这个体系把儒墨法道及其所追求的价值结构统一到一个整体之中，指明了它们作为一个要素在整体中的位置和不可或缺的功能关系。

再次，该书揭示了中国传统哲学价值论的辩证本性和独立自足的结构性特征。从宏观全貌的大视野着眼，把传统价值论各学派及其理论主张作为部分和要素放入传统价值论整体中去，揭示出它们之间既互相对立，又互依互赖的辩证关系。中国传统哲学价值论存在于这种整体性联系之中，并由此规定其性质。

最后，该书还分析了中国传统哲学价值观的一些特征，比较了中国传统价值论与西方价值论的区别。

孙：您认为中国哲学价值论的特点是什么？

赵：我在《中国传统哲学价值论》中提出西方哲学比较重视的是价值原

理问题的讨论，而中国哲学则不太关注价值原理，不重视讨论价值是什么，而是关注价值规范，重在讨论怎样才有价值，重视现实生活中人的价值活动。根据这一总体观点，我分析了中国哲学价值论的五大特点。

（1）重视规范。价值理论基本上包括两个层次（或两个部分）：一是价值原理，或叫价值的原理论，它探讨价值的本质、特性、分类、评价等一般性问题，重在解答人们现实生活中所追求的多种多样价值的共同本质问题；二是价值规范理论，它研究人应该追求什么样的价值，在面临着许多价值对象发生矛盾、冲突的时候，人应该作出什么样的具体选择。以此而论，中国传统哲学的价值论，原理论部分相对薄弱，而规范理论部分却十分丰富。虽然，"可欲之谓善""不全不粹之不足以为美""富有之谓大业，日新之谓盛德""和为贵"等命题，都是对价值的一般本质的规定，在价值分类、价值评价方面也提出了许多深刻的论点，对主体需要也有比较深入的探讨，但从总体上看，哲学家们的主要注意力似乎并不在此，而是着重论述在现实生活中人应该追求什么才有意义，应该怎样生活才有价值。因之，提出了如义利、德力、义生、德智、理欲、公私、群己、天人、真善美等价值规范，进行分析、比较，确定选择方向。在本书中，"价值原理篇"的篇幅相对地少于后两篇，一则由于我对这方面的问题还探讨不够，二则在初步研究的基础上，我发现中国哲学中这方面的内容不及规范理论丰富。当然，此看法能否成立，还有待进一步深入研究。重视价值规范这种现象与整个中国哲学不太着力于形而上学的抽象思考，而特别关注现实生活实际问题这种致思趋向可能有关，这也是一个值得深思的问题。

（2）多元取向。中国哲学关于实际人生中价值目标的选取是多元的，主要有道德、功利、权力、自然四个方向。儒家尚道德，墨家重功利，道家以自然无为为鹄的，法家以权力法治为目标，这仅就其大者言之，先秦其他各家的价值取向与此四家也不一致，所谓百家争鸣，"各引一端，崇其所善"（《汉书·艺文志》）。而且，在每一家内部，各派也是同中有异，争论不休。汉以后，儒家独尊，百家之学隐而不显，但其思想观念都未中绝消亡。价值取向上的多元现象，尽管受到统治者意识形态一体化的制约，但在哲学理论中依然存在，当然形式发生了种种变化，如外儒内法、明儒暗道、儒法并举、儒道互用等等。纵观中国哲学史，价值取向的多元化是贯彻始终的。

（3）道德主导。在多元取向的结构中，各元之间并不是不分主次、地位均等的。从总体上看，儒家"义以为上"的道德取向事实上占据主导地位，汉以后的儒家独尊乃是历史事实。封建统治者一方面弘扬儒家的价值观念，一方面压抑别家的价值追求，使多数哲学家们都以儒家学说为正宗，在价值论上也同样视儒家为准则。即使一些有离经叛道精神的哲人，也往往借儒家的外衣宣扬自己的理想，"明修栈道，暗度陈仓"。真正明目张胆地公开亮出自己的旗帜，鼓吹与儒家逆向而动、异向而取的，终是少数。而且，更值得注意的是，许多异端思想家所主张的价值观念，虽然不同于儒家的"仁义"至上、"天理"第一，但并不是完全否定道德的价值，而是崇尚某种与儒家不同的道德。所以，无论是以学派取向为"元"，还是以价值类型为"元"，在多元结构中，道德都是主导的一元。

（4）内在冲突。多元取向必然存在内在冲突。价值论史上的义利之辨、德力之辨、理欲之辨、公私之辨、群己之辨、天人之辨……就是内在冲突的表现。这些冲突从先秦以至清末，源远流长，时起时伏，不绝如缕。以学派而言，儒墨冲突主要表现为义利之辨（当然也有德力之辨），儒家尚义，墨家重利。"义"包括道德原则、政治原则、义务观念；"利"包括功业和物质利益。儒家竭力反对私利，也不太重视公利，墨家则主张兴天下之利。儒法冲突集中表现为德力之辨（当然也有义利之辨），儒家重德贬力，以德治、仁政与力政对立，法家贵力贱德，认为只有强力、暴力才能维持政治统治，道德没有意义。儒道冲突主要集中于天人之辨和群己之辨，儒家重人为，道家崇自然，儒家尚群体团结，道家贵个体自由。儒家虽讲天命，但天命的内容是道德，仍是重人；道家虽重人生，但人生的意义在于顺应自然，仍是尊天。不仅儒道之间有天人、群己之辨，墨、法与道之间也存在天人、群己之辨，墨言人之利，法言人之力，都是重人，墨主"尚同"，法主"齐一"，都是贵群。不仅儒墨之间、儒法之间有义利、德力之辨，墨法之间也有义利、德力之辨，墨家之利指公利而言，为公利即"义"，故也贵义，不同于法家的狭隘功利主义；墨家贵力指劳力言，强力劳动即"德"，并不非德，不同于法家反道德的暴力主义。所以，法家韩非总是把儒、墨两家拉在一起，进行批判。不仅各学派之间有价值冲突，各派内部，特别是儒家内部也存在义利、德力、群己、天人以及理欲、公私、义生、德智等问题上的争辩。历史上所谓的正统与异端、正宗与别宗的区分即与上述争论有关。这些冲突，其实是各家各派为争取价值观上的主导地位、统治地位的斗争。这种冲突，是中国哲学史上价值观发生历史演变的一个重要动力，也是传统哲学价值论观点纷呈、丰富多彩的一个重要原因。

（5）相成互补。取向的多元化虽然导致了内部的对立和冲突，但是也促成了各元的相互补充、相互转化。不但墨家以"兴利天下"补充了儒家"重义轻利"的偏颇，道家以"贵夫无为"缓和了儒家"知其不可而为之"的激进，而且儒家的"义以为上"和法家的"争于气力"，道家的"遗世独立"和儒家的"明分使群"，墨家的"先质而后文"和儒家的"郁郁乎文哉"……也恰好相互补充而构成了统一体的两面。至于，玄学中"名教"与"自然"的合一，理学中儒、释、道的融合，一些哲人的价值观念似儒似道（如周敦颐、邵雍），有些学者的价值原则似儒似法（如陈亮、叶适），更是价值取向相成互补的产物。这种相成互补作用，促成了中国传统价值系统的内部协调和相对稳定。而且，由于冲突、争论的各方在批判对方价值观念的同时又吸取对方，在坚持自己价值主张的同时又变通自己，结果就使得各元之间同中有异，异中有同，共同构成了中华民族统一的价值观念体系。并非真的如庄子所说，百家学者"皆有所明，不能相通"（《庄子·天下》），而是矛盾中有统一，争辩中有贯通。

孙：《中国传统哲学价值论》作为第一部研究中国传统哲学价值的学术专著，从价值论的角度对中国传统哲学进行了新的反思，对中国传统哲学中所蕴含的价值理论进行了专门而系统的研究，它不但弥补了以往对中国传统哲学价值有所忽视的缺陷，而且拓展了中国哲学史研究的领域，深化了对中国文化的精神实质和特点的认识，也为建设中国特色的社会主义价值观念体系提供了一定的历史借鉴。该书出版后学术界有哪些反映和评价？

赵：该成果出版后受到哲学界特别是价值哲学界和中国哲学史界学者们的广泛关注。1996年国家哲学社会科学规划办公室曾专门就该成果发"成果要报"向中央领导和有关部门通报该成果的主要内容与学术观点。《人民日报》《光明日报》《陕西日报》《西安日报》《中国社会科学》《哲学动态》《人文杂志》《管子学刊》《理论导刊》等全国14家报纸杂志发表了报道和书评。张岱年、萧萐父、李锦全、李德永、周桂钿等中哲史专家都高度评价了该成果"开拓创新""填补空白"的学术价值。张岱年先生还来信鼓励说:"关于中国哲学史上的价值观,我只写了几篇论文,你却写成了一部专著。而且论述深细,可赞!可佩!"该书1994年获陕西省政府社科优秀成果一等奖,1995年获首届中国国家教委人文社会科学优秀成果二等奖。10多年来,很多著作、论文都署名引用了该书的学术观点,一些中国哲学史学科点也将该书列为研究生的重要阅读著作。

孙:在这部著作出版后,您在价值问题研究上又进行了哪些思考和研究?

赵:这本书只是铺设了我自己研究中国价值哲学的基石。对一个学者来说,其必须在自己所从事的专业领域,继续开拓,不断推进,才会保持学术上的生命活力。于是,我在两个方面进行深化研究:

一是从历史的角度考察传统价值观的演变历程,从历史演变的角度探讨中国传统价值观念的整个历史脉络,从先秦一直写到五四运动。我以此申报获得了陕西省社科基金项目。其最终成果为《价值的历程——中国传统价值观的历史演变》一书,2006年由中国社会科学出版社出版。

二是探讨了中国哲学中价值论与本体论、认识论、历史观、人生论的融通问题,及其所形成的中国传统哲学的特质问题。这方面的成果汇集为《中华智慧的价值意蕴》一书,2002年由中国政法大学出版社出版。由于这部分成果属于中国传统哲学的价值理论领域,重点是探索中国传统哲学的价值思维方式,所以在《中国传统哲学价值论》再版时,我将其予以修改、充实作为该书的"价值思维篇"。于2009年由人民出版社出版了《中国传统哲学价值论》增订本。

此外,我还着重思考和探讨了在全球化背景下中华价值与全球价值关系问题,以及传统价值观的现代意义问题。对中华民族传统价值观念和世界上其他民族、其他文化的价值观有何共性、有何特殊性的问题,进行了研究,撰写和发表了多篇论文,也汇编入《中华智慧的价值意蕴》之中。

孙:您关于中国价值观念演变历程的基本观点是什么?

赵:我认为,中华民族的价值观,其源头可以追溯到夏、殷时代。虽然人作为主体所具有的对象意识和自我意识（即既意识到自己生产、劳动活动的对象，又意识到自身的需要、本性和力量）从人类最初形成的时候就开始确立，价值意识作为人所具有的意识，也是从"人猿相揖别"的时候就萌芽了，但人们要将这些意识形成明确的思想观念则经历了漫长的时间。中华民族从夏代开始进入文明时代，就逐渐形成了比较明确的价值观念，此后经历了殷周奴隶时代、从战国开始至鸦片战争的封建时代和从鸦片战争至辛亥革命的半殖民地半封建时代，价值观念随着社会历史的步伐，不断发生演变，呈现出一个一个的历史阶段。如果我们以每个时期具有时代特色和新意的价值本位观念为标志，可以分为九个阶段。

（1）"敬德"的提出。夏、殷时代，"上帝""帝""帝命""天""天命"的观念是占统治地位的主导观念，在当时的人们看来，上帝、天命有"福善祸淫""降之百祥""降年有永"等绝对权威，人间的"祸""善""年"（寿命）等价值都是由天命决定的，而且政治权力的更替、道德规范的制定都取决于天。因此，人们都以"受命"为最高的价值目标，以"恪谨天命""祈天永命"为实现价值理想的根本途径。这些神秘的宗教观念，本质上还不是一种真实的价值观念，西周统治者修正了殷商以"天帝""天命"为绝对价值的观念，提出了以"敬德保民"来实现价值，它虽然并没有改变天命观念的主导地位，却是一种理性的真实的价值观念，标志着中华民族价值观念的自觉，可以说是中国传统价值观的最初形式。

（2）"人道"的争鸣。随着西周末年"怨天"思潮的兴起，怀疑天命、重视人道、向往人间"乐土"的价值观念不断发展，春秋以至战国，是中华民族传统价值观的重大变革时代。从春秋初年季梁提出"夫民，神之主也"的观念，颠倒了神与民的价值地位开始，中经春秋晚期子产提出"天道远，人道迩"的论断，到战国时期的百家争鸣，各派思想家几乎申说了自己的价值观体系。虽然他们的具体价值取向各异，但有一个殊途同归的凝聚点，就是"贵人"。儒家倡道德、墨家言功利、法家重权力、道家崇自然，都是从不同侧面弘扬人的价值。春秋战国时代乃是中华民族传统价值观的奠基时代，形成了"天地之性（生）人为贵"这一中华民族价值观的主旋律。

（3）"纲常"的树立。秦统一中国，建立了中央集权的封建帝国，从此中国的封建时代延续了两千余年。秦汉时代，价值观变革的最大成果是营造了以君主权力为核心的"三纲五常"价值观念系统，董仲舒"君人者，国之元"的政治思想和"三纲五常"的道德原则以及"罢黜百家，独尊儒术"的文化主张，可以视为以"纲常"价值观统一百家学派价值观念的标志，从此这种价值观一直延续到封建社会的终结，成为传统政治价值观的核心，也是整个价值观体系中的重要观念。

（4）"自然"的崇尚。魏晋是中国历史上一个重大变化时期，无论经济、政治、文化还是整个意识形态都经历了转折，中央集权分解，经学崩溃，"纲常"衰落。随着旧价值的动摇，以门阀士族为代表的地主阶级形成了一种新的价值取向，这就是"任自然"。在崇尚自然的观念的指导下，他们重视对人生的执着和对人格的品评，在人生无常的哀伤和人生短促的喟叹中深藏着对人生、生命、内在人格的强烈欲求和留恋。"对酒当歌，人生几何""努力爱春华，莫忘欢乐时""俯仰自得，游心太玄"，都表现了人对自己生命意义的重新发现和把握；对人的才情、气质、风貌的品评，也展示了对人的内在精神人格的赞赏。汉代为君国建功立业的观念和以三纲五常为操守的意识，已不再被一些知识分子所看重，价值观念发生了深刻的变化。

（5）"万善"的同归。隋唐时期的价值观，其主导方面仍是沿袭儒家的三纲五常。但由于封建制正由前期向后期过渡，新兴贵族与"旧日豪门"由斗争而趋于联合，意识形态内部也由"儒释道"三教之争而走向融合，于是在儒家正统价值观继续存在的同时，儒释道三家价值观念兼容并举，"万善同归"。儒家的仁义道德、佛教的般若智慧、道教的生命眷恋形成了鼎立之势。三教鼎立的价值观念格局，大大开阔了人们的价值视野。

（6）"天理"的营造。宋元明时期，价值观演变的标志就是封建伦理道德的升值和强化，道学家们把儒家的道德价值绝对化，提高到了"天理"的高度，以"存天理，灭人欲"的价值标准，确定价值目标，选择价值对象。这个时期的价值观，其核心内容固然是汉以来儒家纲常伦理的旧调重弹，但其价值思维方式和价值实现途径，吸取了佛、老的思想影响。由此使封建伦理道德价值既有坚实的本体论依据，又有精巧的哲学思辨形态，从而成为后期封建社会价值观的正宗，"革欲复理""崇义非利""尊王贱霸""循公灭私"就是它的基本信条。

（7）"利欲"的萌动。从明末至清中叶，随着资本主义萌芽的发展和封建社会的衰落，中华民族的价值观又经历了一次变革。针对宋明以来统治阶级竭力弘扬的道德绝对主义，早期启蒙思潮兴起，李贽、方以智、黄宗羲、王夫之、戴震等思想家和一些文学家，抨击封建专制，批判"以理杀人"，扫荡空谈学风，主张"理存乎欲""欲遂其生""合私成公""且任物情""各从所好"，把人欲、情感、个性的价值提到了重要地位，使长期被封建统治者压抑、排斥的人的感情、利欲、事功等价值，得到了一定的弘扬。他们甚至把"有情之人"和"有情之天下"作为理想人格与理想社会，的确突破常格，别开生面，在价值世界中吹进了一股"更新而趋时"的气息。正如史著所云："至正德、嘉靖间而古风渐渺"（《博平县志》），顺情畅欲的新观念，"相率成风"（《博平县志》）。

（8）"人权"的伸张。19世纪初叶，由于资本主义因素的增强和国内外矛盾的激荡，有近代意识的新的价值观念又滋长出来，特别是鸦片战争以后，中国社会出现了"大变局"，从而使中华民族的价值观发生了一次深刻的变革。从鸦片战争到五四运动的近80年间，新的观念层出不穷，但最能体现中国近代时代精神的价值观，就是"尊人权"。太平天国、戊戌变法、辛亥革命都从不同角度，采用不同形式，在不同程度上宣扬了"人权"观念。

（9）"个性"的解放。五四运动高举科学和民主的旗帜，高喊"打倒孔家店"的口号，对传统价值观进行批判。其价值观重估的核心命题是主张个性解放。

孙：根据您的研究，中国价值观的历史演变有哪些规律？

赵： 价值观念属于社会意识形态，它是以人们的利益和需要为依据的，而人们的利益和需要，归根结底是由生产力的发展决定的。所以中华民族传统价值观的演变遵循着社会存在决定社会意识、经济基础决定上层建筑这个普遍的历史规律。同时，上层建筑内部其他因素的变化对价值观念也有影响。其特点如下：

（1）社会经济的发展是价值观演变的最终根源。特别是经济形态的变化，对价值观演变有决定意义。由殷周到战国，价值观由崇天命到尊人道，是奴隶经济向封建经济发展的表现；明末清初和鸦片战争以后重情感、重个性的观念，也是资本主义经济因素发展的观念表现。

（2）国家政治权力对价值观的演变起着重大控制作用。无论是春秋战国之前的天命价值观，还是秦汉以后漫长封建社会中价值观的演变，国家的政治权力都起着重大作用。董仲舒的以君权价值为核心的三纲五常观念、隋唐时代流行的佛教价值观、宋明时代以"存理灭欲"为理论形式的道德价值观都是封建统治者直接倡导并利用行政权力推行的。而一些与封建统治者提倡的价值观相违背的观念，则受到国家权力和舆论的排斥与压抑，秦始皇的"焚书坑儒"、汉武帝的"罢黜百家"、唐武宗的"灭佛"、清朝政府的"文字狱"都包含着对统治者所认为的"异端"价值观念严格限制的意义。

（3）哲学对价值观的演变起着重要的导向作用。中国传统哲学以价值观为核心，以求"应然"为宗旨，探索客观规律（"实然""必然"）的最终归宿是为了给人们提供一个价值导向（"应然"），就社会国家而言是探求"治国平天下"之道，就个人而言是寻求"安身立命"之所，总之是追求理想社会和理想人格。中国哲学的这种特点，使其在中华民族价值观念的形成和演变过程中发挥了十分重要的作用。不仅知识层，即使普通人的价值观念也受这种哲学的指导。封建社会的文化、教育政策，始终将儒家经典作为教材，就是发挥这种哲学导向作用的突出表现。而普通人的价值意识中深刻地渗透着哲学家所弘扬的价值观念。世俗价值观的主流和占统治地位的哲学价值观是统一的。比较而言，中国古代自然科学的发展对价值观的影响不大。

（4）封建社会价值观的演变形式是围绕着一个轴心左右震荡。儒家倡导的道德价值观在汉以后的封建社会中是中华民族价值观的轴心，其他的价值观念则是围绕着这个轴心震荡，但始终不能取代，也不会远离这个轴心。道家的自然、生命价值观，佛家的解脱、智慧价值观，以及明末清初的个性、情感价值观，都在一定历史时期产生过影响，但都从属于并受制于儒家的价值观念。

（5）价值观念的演变的内在动力是各种观念连续不断的冲突和斗争。中国古代的关于义利、德力、义生、理欲、天人、群己的价值观争论是贯彻封建社会始终的。

孙：您认为中国价值观的历史演变有些什么特征？

赵：价值观集中表现着主体对客体的主导和支配能力，即集中表现着人的主体性，价值观念的演变，其实质是民族主体性的演变。中华民族的主体性在历史上经过了一个由强到弱再由弱到强的演变过程，宋以前是强化过程，宋至清是弱化过程，辛亥革命以后是复兴过程，并逐渐趋于强化。在这一历程中，中华民族价值观演变所表现的主要特征如下：

（1）价值观念演变的基点始终以人自身的价值为本位。中华民族不执迷于宗教的彼岸价值，也不执着于物的价值。价值观演变历程上的每个环节都可视为对人的价值的某一侧面的探求和弘扬。因此中国人在近代以前没有发生过人的价值的失落。

（2）价值观的演变的主题基本上是以提高人的精神素质特别是道德素质为主题，忽视物质财富价值、自然知识价值和科学技术价值。

（3）价值观念演变的结果是维护了中华民族的群体凝聚力和维系了民族生命力，使中华民族永立于世界民族之林而"其命维新"。

孙：通过中国传统哲学价值论的研究，您对中国传统文化及其哲学的特点有了哪些新的认识？

赵：认识中国传统哲学的特征是文化自觉的内在要求，自五四以来，中国传统哲学之特质，许多学者都有论述，我通过对中国传统哲学价值论的研究，也形成了对中国传统哲学特质的新看法。我先后在《光明日报》《人文杂志》等报刊上发表多篇文章阐述这些观点，有的还被《新华文摘》全文转载。我的观点概括而言就是：中国传统哲学本质上是价值哲学。"必然"原理与"应然"原则相融通乃是中国传统哲学之基本特质。所谓"必然"原理指探讨存在本质、发展趋势、客观过程、必然规律的哲学理论，包括本体论、历史观、认识论、人性论等理论领域；所谓"应然"原则指论述价值观念、价值取向、价值目标、价值理想的哲学思想。在中国传统哲学中这两方面的内容是相融合、相贯通的。从传统哲学的提问方式，可以清楚地看到这一特征。

我举两个例子。其一是《尚书·洪范》记述周武王访问箕子。"惟十有三祀，王访于箕子。王乃言曰：'呜呼！箕子。惟天阴骘下民，相协厥居，我不知其彝伦攸叙。'"其二是《汉书·董仲舒传》记载汉武帝对董仲舒的策问。第一策曰："朕……欲闻大道之要，至论之极……三代受命，其符安在？灾异之变，何缘而起？性命之情，或夭或寿，或仁或鄙，习闻其号，未烛厥理。伊欲风流而令行，刑轻而奸改，百姓和乐，政事宣昭，何修何饬而膏露降，百谷登，德润四海，泽臻草木，三光全，寒暑平，受天之祐，享鬼神之灵，德泽洋溢，施乎方外，延及群生？"第三策曰："盖闻'善言天者必有征于人，善言古者必有验于今'。故朕垂问乎天人之应，上嘉唐虞，下悼桀、纣，浸微浸灭浸明浸昌之道，虚心以改。"周武王、汉武帝向思想家的提问，其问题开端都是"天"的问题、"命"的问题、"大道"的问题、"天人之际"的问题，亦即"必然"意义上的根本原理问题；而归宿都在"彝伦攸叙"问题、"百姓和乐"问题、"政事宣昭"问题、"浸明浸昌之道"问题，即"应然"意义上的价值原则问题。这不仅是对箕子、董仲舒的提问，还是对古代所有哲学家的提问，这可以说是整个中国传统哲学思考和回答的总问题。如果最高统治者只关注玄虚的神秘的形而上的"必然"问题，而不关心现实的实际的治世济民的"应然"问题，就会受到质疑甚至讽刺。汉文帝召见贾谊，只问"鬼神"是否存在之类的"必然"问题，不问"苍生"如何幸福等"应然"问题，就受到李商隐的讽刺："宣室求贤访逐臣，贾生才调更无伦。可怜夜半虚前席，不问苍生问鬼神。"所以，我们说中国传统哲学的提问方式是由"必然"到"应然"，二者相兼顾、相贯通。

孙：从理论内容来看，这种"必然"原理与"应然"原则相融通的特质是如何体现的呢？

赵："必然"（包括"实然"）原理与"应然"原则融会贯通，既是中国传统哲学的提问方式，也是其理论建构的范式。与西方哲学的异隔性、分析性思维方式不同，中国哲学理论思维的突出特征是融合性、贯通性。无论是建构本体论、认识论、历史观、人生论，还是建构其他哲学理论，都将其与价值论相互贯通，相互渗透，相互融合。也就是将"应然"的原则贯注于"必然"原理之各个论域，使价值与本体、价值与历史、价值与人生、价值与认识相融通。兹分析如下。

（1）本体存在与价值境界的融通：

道、气、无、理、心是中国哲学中标志宇宙本体的五大范畴，这五大范畴，都不仅是标志终极存在的纯粹的本体范畴，而且是本体存在与价值境界相融通的范畴。

"道"是道家建构的宇宙本体,老子最早以"道"为最高的哲学范畴,他的"道",既指天地万物存在的终极根据和必然规律,又指人应该追求的崇高目标和理想境界。所以老子既称"道"为"万物之奥",又赞"道"为"善人之宝"(《老子·第六十二章》)。"万物之奥"是本体义、"必然"义;"善人之宝"是价值义、"应然"义。作为宇宙本体,老子认为"道"是"无形""无象""无状""无名"的存在;作为价值原则和价值至境,老子赋予"道"以自然、虚静、柔弱、独立等价值品格,是利、真、善、美的统一体,是人应该遵循的准则。可见,"必然"原理与"应然"原则在"道"中是融通的。

"无"是魏晋玄学贵无派所设定的宇宙本体,它是对老子"道"本体论的改造。何晏论"无",明确地将本体与价值合而言之:"天地万物皆以无为本。无也者,开物成务,无往不存者也。阴阳恃以化生,万物恃以成形,贤者恃以成德,不肖恃以免身。故无之为用,无爵而贵矣!"(《王弼集校释·附录》)"开物成务""化生""成形"是"无"的本体功能;"成德""免身"则是"无"的价值意义。而"贵"乃是对"无"的价值地位的评定。王弼也提出,"以无为体""以无为用"不但是万物生成的规律,所谓"无物而不由";而且是价值实现的通道,所谓"不求而得,不为而成",既可"得德",也可"尽德"(《老子注》)。可见,玄学家在"无"中也将价值至境与宇宙本体相融通。

"气"是中国哲学中源远流长的范畴,儒、道两家皆用之。先秦时期,"气"还未上升为本体范畴,道家言"自然之气",儒家言"浩然之气"。"自然之气"是构成万物的原始材料,不具有价值意味,但"浩然之气"则是"配义与道""集义所生"的"至大至刚"的道德精神,纯粹是价值气象。直至北宋,"气"才升华为宇宙本体,张载是哲学史上第一位明确地以气为宇宙本体建构气一元论理论体系的哲学家。他认为气是宇宙万物的本根,而无形的"太虚"是气的本然状态,即所谓"太虚无形,气之本体"(《正蒙·太和》)。张载的"太虚之气",本体意义昭然,但也并非无价值意味。他说:"太虚之气"乃是人性和物性的本原,这种本原之性就是"天性"("天地之性"),而天性是"无不善"的。张载赋予气的本性以纯善、至善的品质,就把本体范畴和价值范畴合而为一了。此外,张载又以"太和""不偏""诚明"等词形容"太虚之气",也蕴含着鲜明的价值意味。

"理"作为本体范畴,始于北宋二程,完成于南宋朱熹。朱熹认为理是宇宙本体,"宇宙之间,一理而已。天得之而为天,地得之而为地,而凡生于天地之间者,又各得之以为性"(《读大纪》,《朱文公文集》卷七十)。同时,他又明确地指出,"理便是仁义礼智","天理只是仁义礼智之总名,仁义礼智便是天理之件数"(《答何叔京》,《朱文公文集》卷四十)。正由于理是仁义礼智之"总名",所以"理"是"至善",即最高的价值境界。以本体言之,理是"至极""太极";以价值境界言之,理是"纯善""至善"。价值与本体在理本论中融通得紧密无间,合而为一。

南宋陆九渊、明代王阳明都是心本体论的筑构者。他们提出,"宇宙便是吾心,吾心即是宇宙"(《陆九渊集·杂说》),"心者,天地万物之主也"(《王文成公全书·答李明德》),"心外无物,心外无事,心外无理"(《王文成公全书·答李明德》《与王纯甫二》)等命题来说明"心"的本体意义。同时,他们也明确地赋予"心"以伦理道德的价值内涵。陆九渊云,"仁义者,人之本心也"(《与赵监》),"其本心无有不善"(《与王顺伯(二)》)。王阳明云:"心一而已,以其全体恻怛而言,谓之仁;以其得宜而言,谓之义;以其条理而言,谓之理,不可外心以求仁"(《传习录(中)》),又云:"至善者,心之本体也,心之本体,那有不善?"(《传习录(下)》)可见,在心本论中,"心"既是天地万物之"主",又是仁义道德之"本",既是终极的本体,又是至善的境界,总之也是本体与价值的合一。

由此可以看出,中国传统哲学中标志本体的范畴无一不具有价值内涵,无一不是万物根源与价值渊源、宇宙本体与价值至境的融通合一。这种合一,是本体价值化和价值本体化的结果。遵循这种融通合一的思路,中国哲学特别是儒家哲学普遍认为,自然界的万物都有其自身的价值,金、木、水、火、土五行自身就具有仁义礼智信五德;东西南北四方、春夏秋冬四季都有与仁义礼智四德相应的价值内涵。

(2)历史规律与价值追求的融通:

在夏、殷时代,中国人的历史观是以"神意为本"的天命史观,春秋时代逐渐转向以"人事为本"的人本史观。自转向人本史观之后,哲学家们着力以理性态度思考历史的本质和规律。然而,他们对历史客观规律的思考，从不脱离价值问题，而是用客观历史规律与主体价值追求相融通的思路来说明历史的发展。其典型的观点如下：

一是"生意成势"——生存价值与历史趋势的融通。把生存价值与历史规律相融通的代表人物是唐代的柳宗元，他通过"意"和"势"关系的讨论表达了这一思路。柳宗元认为历史发展并不是由"圣人"的主观意志决定的，而有着"不得已"的客观必然之"势"。例如，"封建，非圣人意也；势也"（《封建论》），而后代郡县制取代封建制也是历史发展的必然结果。然而在柳宗元看来，历史发展之客观必然趋"势"并不是完全脱离人之主体活动的纯粹的外在力量，它虽然不取决于圣人的个人意志，但体现了人类群体对生存价值的追求。柳宗元把人们这种对生存价值的追求叫作"生人之意"。他说，人们的生存价值追求引起了获取物质资料的斗争，而正是这种斗争造成了社会历史发展的客观必然趋势。可见，历史之"势"，实质乃是人类为满足生存需要、维护生存价值而进行主体活动表现出来的必然趋势。历史之"势"，虽不由"圣人"的个人之"意"支配，但"受命于生人之意"（《柳宗元文集·贞符序》）。因此，某个杰出人物（"圣人"）要在历史上发挥作用，不在于"穷异以为神""引天以为高"，而完全在于"心乎生民"，做到"利于人，备于事"（《柳宗元集》卷二、卷十九）。柳宗元这种"生民之意"以"成势"的观念，鲜明地体现了价值追求与历史法则融通的思路。

二是"同然即理"——公义价值与历史规律的融通。明末清初的王夫之继承发展了柳宗元的"生意成势"观，提出了"人之所同然者即为天"（《读通鉴论》卷七）的光辉命题。王夫之所谓的"天"，即人类历史发展的客观趋势（"势"）和必然规律（"理"）的统一。"理依于势""势中见理"，"'势'字精微，'理'字广大，合而名之曰'天'"（《读四书大全说》卷九）；"天"即历史发展的客观力量的总称。王夫之所谓的"人之所同然""民心之大同"即民众共同的价值追求、价值意向或普遍认同的价值，大体相当于我们现在所说的"公义"——人们普遍认同的道义。由此不难看出，王夫之"人之所同然者即为天""民心之大同者理在是"的观点，体现了把历史客观法则与人们普遍追求的价值（公义）相融合的思想。更值得重视的是，王夫之对公义即"人之同然""心之大同"的基础作了深刻揭示。他认为,"同然""同心"的基础乃是"欲之所得",即人们共同的物质生活欲求的普遍满足。他说:"人欲之各得,即天理之大同;天理之大同,无人欲之或异。"(《读四书大全说》卷四)这显然是对柳宗元"生民之意"的进一步发展。于是,普遍的价值的追求和普遍的物质利益需要的满足与历史的客观规律达到了高度的统一。

(3)认识过程与价值意蕴的融通:

对于中国传统哲学来说,纯粹的独立的认识活动是不存在的,也是没有意义的。中国古代哲人把求真与闻道、穷理与尽性、致知与崇德视为不可分的统一过程,认为价值意识与认识活动是相互融通、合为一体的。在这种融通中,价值意识在认识中的主要表现如下:

一是对认识主体的价值要求。中国哲学认为人们认识客观事物的过程并非自然而然的消极被动的反映活动,而是人的主体性能动性的发挥过程。所以,为了达到认识真理的目的,不但要顺应认识规律,还要对认识主体有价值要求。所谓对主体的价值要求,就是要求认识主体具有崇高的品德修养,成为崇高的价值人格。早在西周初年,《尚书·洪范》就对认识主体的修养提出了明确的要求,"敬用五事","貌曰恭,言曰从,视曰明,听曰聪,思曰睿。恭作肃,从作乂,明作哲,聪作谋,睿作圣"。这些要求包括了能力和道德两个方面。《尚书·洪范》认为达到这些要求,乃是成为一个好的认识主体的先决条件。后来,孔子提出要成为智者,首先得成为仁者:"择不处仁,焉得知?"(《论语·里仁》)"知及之,仁不能守之;虽得之,必失之。"(《论语·卫灵公》)孟子也说:"不仁,是不智也。"(《孟子·公孙丑上》)荀子则提出,认识主体应该有"虚一而静"的修养,才能把握真理。他说:"人何以知道?曰:心。心何以知?曰:虚一而静。"(《荀子·解蔽》)迄至宋明理学,儒家对认识主体的修养更为重视,亦更为严格。张载"崇德",曰,"崇德而外,君子未或致知也"(《正蒙·神化》);程朱"主敬",曰:"未有致知而不在敬者。"(《伊川语录》)不仅儒家对认识主体有严格的价值人格要求,即使在认识对象的选择上与儒家有异的道家,也认为认识主体的修养是取得真知的前提。庄子云:"且有真人而后有真知。"(《庄子·大宗师》)所谓真人就是无好恶爱憎之情感,忘生死善恶之区别的人。庄子认为,必有真人之修养,而后才能获得真知。由此可见,对认识主体提出价值修养的要求，乃是中国哲学的重要特征。

二是认识过程中的价值参与。中国哲学认为，人的认识活动并非纯粹的主观反映客观的超情感、超利害过程，而是受人的爱恶之情、利害之心、苦乐之趣、取舍之志影响的过程。不同的价值意识对认识的方向、得失、正误、深浅、偏全会产生不同的影响。据此，孔子提出应以"乐之"的心境对待认识，他说，"知之者不如好之者，好之者不如乐之者"（《论语·雍也》）；孟子提出要以"自得"的态度深造求道，"君子深造之以道，欲其自得之也。自得之，则居之安；居之安，则资之深；资之深，则取之左右逢其原，故君子欲其自得之也"（《孟子·离娄》）。荀子提出须从"公心"出发认识事物，他说："公生明，偏生暗。"（《荀子·不苟》）先秦道家的宋钘、尹文学派，注意到了"私欲"对认识的干扰作用，认为利欲熏心的人不可能取得对事物的认识，"嗜欲充溢，目不见色，耳不闻声"；"夫心有欲者，物过而目不见，声至而耳不闻也"（《管子·心术上》）。这种观点，略似于俗语所说的"利令智昏"。与宋、尹学派只看到私欲的消极作用不同，韩非则看到了积极的情感对认识的促进作用，他说："慈母之于弱子也，务致其福；务致其福，则事除其祸；事除其祸，则思虑熟；思虑熟，则得事理。"（《韩非子·解老》）宋明时代的哲人更是普遍地强调正确的价值意识对于认识的重要，张载有"大其心则能体天下之物"的名言；苏洵有"为一身谋则愚，而为天下谋则智"的警语；程朱以"居敬持志"为"穷理之本"；王阳明反对"求其聪明而不知养之以善"。这些认为认识过程必有情感、意志、利心等价值意识参与的看法和主张用端正的积极的价值意识以促进认识的观点，对中华民族的价值思维和认识观念有广泛的影响。

三是认识目标中的价值意蕴。中国古代哲学关于认识目标的实现，也不仅仅局限于对客观事物的本质和规律的把握上，而是把事实认知和价值认识、求真与求善都融通于认识目标之内，儒家与道家都把"道"作为最终的认识目标，孔子曰"朝闻道夕死可矣"，老子说"唯道是从"。孔、老所谓的"道"尽管内涵有异，但都是宇宙法则和价值准则的统一。在他们看来，宇宙万物的最后本质和社会人生的终极价值是合二为一的统一体。《大学》讲述"为学次第"，明确地把对"格物致知"的认识和实现人生价值融会贯通，使认识目标从属于价值目标。宋明时期，程朱讲"穷理"，陆王讲

"知心","理"和"心"既是宇宙本体,又是价值境界,"穷理"和"知心"的指向目标,都是真理和价值的合一。可见,在中国传统哲学中,认识的目标中融合着价值意境,追求真理和追求价值,是人的认识活动一体之两面。

(4) 自然生命与道德价值的融通:

中国道家重视人的自然生命,而儒家则重视人的价值生命,道家主"养生",儒家主"成人"。"养生"是为了自然生命的延续,"成人"是为了价值生命(道德生命)的实现。由于儒家哲学在中国传统思想中处于主导地位,所以,自然生命与道德价值的融通,就成为中国哲学的突出特征之一。儒家关于生命与道德价值融通的主要观点如下。

一是"气质之性"蕴涵"天地之性"。先秦孟子一派的儒家哲人认为,人的本性是善的,人一生下来就具有先验的道德本性。孟子说,"恻隐之心,仁之端也;羞恶之心,义之端也;辞让之心,礼之端也;是非之心,智之端也","人之有是四端也,犹其有四体也"(《孟子·公孙丑上》);"仁义礼智,非由外铄我也,我固有之也"(《孟子·告子上》)。由于仁义礼智四端是人人生来固有的,所以孟子称之为"良知""良能"。由此看来,孟子言"善端",指的是人之所以为人的特性,而非指人生来具有的一切本能。这种观点,到了宋明儒学,就形成了"天地之性"蕴涵于"气质之性"的人性说,"天地之性"是纯善,而"气质之性"有善有不善。张载、二程、朱熹、陆九渊都持此观点。然而,无论是孟子的性善论还是理学家的"气质之性"含"天地之性"之人性论,都在人的自然生命中注入了价值(道德)的种子,从而使价值生命与自然生命相融通。

二是"生以载义"。既然人的自然生命中包含着价值因素,那么,人的自然生命当然就是价值的载体了。明末清初的王夫之提出了"生以载义"和"义以立生"的命题。他说,"生以载义,生可贵";"义以立生,生可舍"(《尚书引义》卷五)。这就是说,人的生命承担了道义,所以生命是可贵的;道义确立了人生的价值,所以道义是可贵的。王夫之这种观点,其实在先秦时代就出现了,荀子说:"人有气有生有知亦且有义,故最为天下贵也。"(《荀子·王制》)但是,荀子仅将"生"与"义"并列,只说明了人兼有"生命"和"道义"两种因素,并没有指出生命和道义的内在关系,而王夫之从生命和道义的相互联结、相互作用上,阐明了生命和道义的价值,这显然是一种价值和生命融会贯通的运思方式。

三是"成身成性"。儒家认为,人的一生不只是自然生命的成长过程,同时也是人生价值的开拓、追求和实现过程。在先秦哲学中,道家追求人的自然生命的延长,弘扬"长生久视"之道,认为生命有宝贵的价值。墨家和儒家都认为人除了重视生命之外,还应重视社会道义价值。他们并特别指出生命价值是由道义所赋予的,如果离开了道义,生命本身就失去了价值,于是他们都主张把生命成长和价值追求二者统一起来。尤其是儒家哲人,对这个问题的阐发相当充分。孟子提出,如果以肉体生命为人生的最高价值,那么人就会为了保全生命而无所不为,为了享乐生命而无恶不作。由此,孔、孟提出仁义价值高于生命价值,当仁义与生命发生冲突时,人应该"杀身成仁""舍生取义";人的一生就是弘扬和实现仁义价值的过程,就是"修身、齐家、治国、平天下"的一生。后代儒家都继承和发展了这一基本观点。张载说:"富贵福泽,将厚吾之生也;贫贱忧戚,庸玉汝于成也。存,吾顺事,没,吾宁也。"(《正蒙·乾称》)王夫之云:"身者道之用,性者道之体。合气质攻取之性,一为道用,则以道体身而身成;大其心以尽性,熟而安焉,则性成。"(《张子正蒙注》卷四)他还认为,人生一方面"有仁义礼智以正其德",另一方面"有声色臭味以原其生",二者是"互为体"而不可分割的。人的一生就是在"成身"的过程中"成性",在"成性"的过程中"成身"。张载和王夫之所说的"厚生玉成""成身成性""原生正德"就是生命与价值相融通的人生过程。

上述中国传统哲学中关于价值与本体、价值与历史、价值与认识、价值与生命相互关系的理论表明,中国哲学特别是儒家哲学的理论思维,乃是一种典型的融通性思维。正是这几个方面的融通,决定了中国古代的价值类型论,也体现着各类型间相互蕴含、相互融通的观点。儒家以善统真、美,凡是善的价值即是真的、美的;道家以真统善、美,凡是真的价值即是善的、美的。虽然,儒家崇善,道家贵真,价值取向不同,但其融通真、善、美的思维路径则是相同的。所以说,"必然"原理与"应然"原则融通,乃是中国传统哲学的重要特质。

孙:"必然"与"应然"相融通的思维特征有什么重要意义?

赵:中国传统哲学这种"必然"与"应然"相融通的特质有着其产生的

深刻根源，它所蕴涵的思维经验和哲学智慧，至今仍有着重要的启示意义。

（1）中国传统哲学"必然"与"应然"相融通特征的突出优点是克服了价值与事实、"实然"与"应然"相割裂相对立的思维方式。

中国古代的多数哲人，几乎都赋予客观事实以价值意义，都赋予事实判断以价值含义。他们融通价值与事实的方法主要是将主体人的价值意识和价值因素如情感、意志、信念、理想、德性、情操、美感等直接投射到客观事物之上，从而使主体与客体融合为一。如果说，西方哲学中的一些哲学家是在承认事实客观性和肯定价值主观性的支点上将价值与事实分离开来的话，那么与西方哲学的异隔性、分析性思维方式不同，中国哲学在把客体主体化和主体客体化的基点上将价值和事实相融合相贯通。中国传统哲学中没有"由事实判断推不出价值判断"的所谓"休谟问题"！

（2）中国传统哲学"必然"与"应然"相融通的重大意义是形成了中国传统哲学的人本宗旨。

中国哲学没有孤立的宇宙本体探索，没有单纯的客观知识追求，也没有"怪力乱神"的宗教旨趣，实现人的价值是它的最高宗旨。其本体论并非以宇宙的本质为认识的根本目标，而是借"天道"以明"人道"；其认识论并非以认识的来源和规律为探讨的最终归宿，而是借"知行"以说"道德"；其方法论并非以世界的运动过程和规律为研究的至上兴趣，而是借"阴阳"以言"治平"；其历史观也并非以历史发展的客观必然性为思考的终极意义，而是借"理势"以论"至治"。

（3）中国传统哲学"必然"与"应然"相融通的重要作用是锻铸了中国哲学的实践性品格。

中国哲学形上之道、抽象之理、玄远之思等"必然"原理，固然都有其相对独立的内容和意义，但归根结底最终都服务于实现"应然"原则的实践活动。《周易·系辞》云："一阴一阳之谓道，继之者善也，成之者性也。"形上的必然之道意义在于，指导人的"继之""成之"的实践活动，而实践活动的目的即实现"应然"之"善"。这种"继道为善""成道为性"的理念，乃是中国哲学的突出优势。所以可以说"一阴一阳之谓道，继之者善也，成之者性也"乃是"必然"原理与"应然"原则相融通的经典命题。

中国传统哲学价值思维的融通性特征的最大的缺陷是将价值泛化，以"应然"遮蔽"实然"。即以价值存在掩盖客观事实甚至取代客观事实，以价值评价制约事实认知甚至代替事实认知。然而，这种价值思维的突出优势是追求价值与事实、"应然"与"实然"的统一。中国古代的多数哲人，几乎都赋予客观事实以价值意义，都赋予事实判断以价值含义。他们融通价值与事实的方法主要是将主体人的价值意识和价值因素如情感、意志、信念、理想、德性、情操、美感等直接投射到客观事物之上，从而使主体与客体融合为一。如果说，现代西方哲学中的一些哲学家，是在承认事实客观性和肯定价值主观性的支点上将价值与事实分离开来的话，那么中国古代的哲学家则是在把客体主体化和主体客体化的基点上将价值与事实融通的。

孙：您从20世纪80年代以来对中国哲学和中华文化还进行了哪些研究？

赵：1980年至今近40年来，除了对中国传统哲学的价值论进行了比较系统的研究而外，我的中国哲学史研究还包括五个方面的内容：一是先秦诸子的研究。我对孔子、墨子、老子、庄子、周易等都有研究论文发表。二是中国儒学史的研究，我参加了赵吉惠教授领头组织和主编的《中国儒学辞典》，并与赵吉惠、郭厚安、潘策共同主编了新中国第一部《中国儒学史》（中州古籍出版社，1991），还参加了中国大百科全书出版社出版的《中国儒学百科全书》的撰写工作。三是对张载和关学的研究。我发表了一系列关于张载和关学的学术论文，而且我在担任陕西省哲学学会会长期间，还与有关单位联合举办了几次研讨张载及其关学的全国性、国际性的大型学术研讨会，编辑出版了几部论文集。2013年我担任国家出版基金项目暨"十二五"国家重点图书规划项目、陕西出版资金资助项目《关学文库》编辑出版委员会副主任，参与主持编辑《关学文库》并承担完成了《关学精神论》专著一部。四是和段建海、董小龙合作共同承担完成了教育部重点课题，出版了《中华民族爱国主义史论》。五是对中华传统文化的专题研究，特别是对黄帝文化的研究。从20世纪80年代以来，我研究中国哲学和中华文化都是以价值论为视角、以探讨价值观为核心的。

孙：请谈谈您对中国价值论研究的展望和今后的研究思路。

赵：哲学价值论从20世纪80年代在中国兴起，至今已有近40年。近

40 年来，经过哲学界、学术界学者们的持续努力，取得了巨大成就。但价值哲学研究还需要进一步发展。我认为发展的基本途径应该是在知与行相统一、中西方相融通、宏微观相结合中拓展论域，深化原理，提升境界。所谓拓展论域就是对各民族文化、各社会领域、各学科领域、各哲学派别、各哲学分支中的价值问题进行全方位系统性研究；所谓深化原理就是继续对价值本质、价值特性、价值分类、价值评价、价值选择、价值创造、价值实现等基本原理问题进行深入研究，开展学术争鸣，推进价值哲学的学科发展；所谓提升境界就是把哲学价值论研究提升到优化中华民族的价值智慧、促使社会主义核心价值观全面践行的新境界。就我个人而言，我将继续推进中国传统哲学价值论的研究，由建构体系、描述历程的宏观研究深入到对古代哲学家提出的具体价值概念、价值命题、价值观念的微观研究和哲学家价值思想的个案研究。特别是着力思考和阐发这些价值意识和观念的现代意义。近年来，我已研究了孔子的"君子"人格的价值意义、孔子之"道"的价值意蕴、张载之"太和"的价值内涵、横渠"四句"的价值含义等，就是沿着微观性、具体化的思路而进行的。我觉得这样可以使研究不断深化。中国传统哲学博大精深，中国传统哲学价值论也是一个无穷无尽的智慧宝库。我希望有更多的年轻学者乐于探索其中所蕴藏的智慧明珠，为升华中民族的价值智慧提供历史借鉴。

孙：最后，请您谈一谈对于治学的体会吧。

赵：我大半辈子就是读书、教书、写书，是一个典型的读书人。做学问必须平心静气，独立地进行深入的思考和研究，不能去凑热闹，更不能去出风头，也不能随意跟潮流，要克服浮躁之气。学问不是热闹的事情，治学必须耐得寂寞。我在《中国传统哲学价值论》增订本后记中曾经说过："学问乃寂寞之道，著书属寂寞之业。平生治学，创获无多；多年著述，乏善可陈，唯有一点，差可自许，聊以自慰，曰：耐得寂寞。"

我认为"寂寞之道"包含了三个要素，即静心、平心和乐心。人在做学问，特别是哲学研究时，是要进行思考的，人思考时心态要安，心情要静，才能思维。老子说"致虚极，守静笃"，荀子说"静而后能思"，就是这个道理。所谓"平心"就是要以平淡的态度看待名利和功利。做学问如果以名利为目的，就必然会引起浮躁，而且也会导致诚信的失落，我们一定要淡然处之。我觉得"平"很重要,必须以平常的心境来做学术研究。而"乐心"是一个人处世的最高境界。我认为,一个人自己能够心态快乐,那就是学术研究当中寂寞之道的重要内涵。乐在其中,一个人才不会屈于任何外物,才不会受外在利益的诱惑,从而自得其乐。我们的学术研究成果如果能体现人类的一种真善美的价值,那么这样的成果当然有社会意义。把人类的事业与自己的人生价值统一起来,这样才能保持一种静心、平心和乐心。

【执行编辑:陈新汉】

在三十余年挖掘评价论"井"中开拓价值哲学

——陈新汉教授访谈

陈新汉 尹 岩

【陈新汉教授简介】 1947年10月生,男,籍贯浙江余姚。1982年1月华东师范大学哲学专业本科毕业;1987年华东师范大学哲学专业硕士研究生毕业。上海大学社会科学学部(筹)教授、博士生导师。中国价值哲学学会原副会长,上海市哲学学会常务理事。主要从事马克思主义哲学、价值论研究。国家二级教授。学术成就:在研究评价论中开拓价值哲学,受到了国内学术界的高度评价。曾承担国家哲学社会科学规划办重点课题"价值论视阈中的社会主义核心价值体系研究"(08ZX005);国家哲学社会科学规划办课题一般课题"民众评价论研究"(01BZX015)、"社会自我评价活动机制批判"(06BZX009)、"评价论视阈中的社会自我批判研究"(14BZX007);教育部人文社会科学研究课题"权威机构评价活动机制研究"(01JA720001);教育部专题课题"关于克服社会主义核心价值体系边缘化危机的若干思考"(10JDJNJD184);上海市哲学社会科学规划办课题"邓小平认识论思想研究""改革开放中的中国价值论及价值问题研究"。先后发表著作22本,其中专著13本,《自我评价论》入选2010年"国家哲学社会科学成果文库"。在《中国社会科学》《哲学研究》《马克思主义研究》《光明日报》等上发表共400多篇文章，其中被《新华文摘》详细摘载或全文转载9篇，被《中国社会科学文摘》详细摘载9篇，被《复印报刊资料》全文转载50多篇。获教育部高等学校科学研究优秀成果奖（人文社会科学）、上海市哲学社会科学优秀成果奖、高等教育上海市级教育成果奖等20多项，获上海市高校首届教育名师奖、宝钢优秀教师奖、上海市园丁奖等荣誉称号10多项。

尹岩（以下简称"尹"）：您是我国改革开放时期价值论研究的开拓者之一，几十年来一直从事价值论方面的研究。今年是中华人民共和国成立70周年，70年来我国的人文社会科学有了翻天覆地的变化，我国的价值论研究也从无到有地有了相当大的发展，以至于成为当今中国哲学中的显学。请您谈谈当初是如何走上价值论研究之路的。

陈新汉（以下简称"陈"）：进入改革开放的新时期以来，我国价值论研究是与李连科、李德顺、王玉樑和袁贵仁等学者的名字联系在一起的，李德顺在价值论中的影响最大。我主要是读了他们的文章和著作后进入价值论研究的，与江畅、马俊峰、冯平、何萍等一起，可算中国价值论研究的第二代学者，因此不能算开拓者。

我是粉碎"四人帮"后恢复高考的第一批即1977级大学生，在1982年1月于华东师范大学本科毕业后就留校当助教。当时有老师问我，今后准备研究什么专题。我对于被问到这个问题感到很茫然，对我而言，既然在哲学原理教研室任教，研究专题好像就是一个不言自明的问题了。在以后两三年的教学中我逐渐领悟到，哲学博大精深，作为马克思主义哲学原理，内容其实也非常多。经过几年哲学本科专业的马克思主义哲学原理教学实践，我把教学中遇到的问题作为我研究的专题并发表了几篇小论文，其中有一篇商榷的文章竟发表在《中国社会科学》上，我逐渐地把我研究的口子集中于认识论。

我于1987年在《华东师范大学学报（哲学社会科学版）》上发表了以我的硕士论文为基础的《论理念》。黑格尔把理念规定为概念发展的最高阶段，是世界的精神性本原。在认识论视阈中，理念是结晶在思维形式中的客体，由于其内在运动，必然要在客观世界中实现自身，于是就由认识的终点转化为实践的始点。由于实践创造真善美，因此理念作为认识发展的最高阶段，具有关于客观事物的真实内容，体现了人的意志和目的，具有一定程度的使主体感到愉悦的感性表象。我在这里实际上指出了，认识内容不仅包括关于"客观事物内容"的"真"，而且包括关于"体现了人的意志和目的"的"善"以及关于"使主体感到愉悦的感性表象"的"美"，是真善美的统一；与认识内容中的真善美相对应，认识活动不仅包括我们一般称之为认识的认知，而且还包括我们以往在伦理学中才涉及的评价以及我们在美学中才涉及的审美。这就是后来人们所称谓的广义认识活动。这是我学术生涯中第一篇真正意义上的学术论文。

我于1988年在《学术月刊》上发表了《论认识中的认知——评价结构》。此文原是一篇会议征文，会议地址是当时尚未全面开发的张家界，我被指定在会议主题发言中第一位发言，当时我是名不见经传的小讲师。主办方中的《中国社会科学》编辑部主任在会议期间告诉我，我的文章是会议征文截止期前收到的最后一篇文章，由于有新意，评委一致认为应把我放在会议中第一位发言；并告诉我，两年前我在《中国社会科学》上发表的商榷文章，他们曾在发表前给商榷对象看，该作者承认我的商榷他没法反驳。我很怀念80年代的社会风气和学术氛围。我在发言中认为，人们对于事物的"完满"认识不仅包括事物的规定、该事物与他事物的联系，而且还必须包括事物的属性与人自身需要之间的联系，即要揭示事物对于人所具有的意义。认知活动虽然离不开主体的作用，但必须努力排除主体因素对认知内容的干扰，以达到对于客体的如实反映，因此在认知活动中，主客体之间的关系是外在的。评价活动是指主体对于客体属性与主体需要之间关系的反映，事物的属性对于主体需要所显现出来的意义，既同事物属性有关，也同主体需要有关，因此在评价活动中，主客体之间的关系是内在的。从主体方面来分析，实践的根据有两个规定：一是目的，目的是实践得以发动的动力和进行的方向，它"作为规律决定着"实践；二是方法，方法是实践得以顺利进行的主观手段。目的不是单纯的主体需要，是"应如此"的观念与关于事物的现实发展可能性认识的统一，因而是评价内容和认知内容的统一；方法也不是单纯的关于客观规律性的认知，而是在目的指导下，对于客观规律性的知识进行"反思"，使之转化为关于目的客观化的有关途径的观念。我把认知与评价相对照，对评价活动作了初步的研究。

1992 年我在《哲学研究》上发表了《关于评价活动的认识论机制》。在文中，我对评价活动作了较为系统的思考。主体自身的需要是主体对于客体进行评价活动的出发点，利益是需要在主体意识中的反映，利益是评价活动的主体标准。如果说概念、判断、推理是认知活动中主体反映客体的基本思维形式，那么规范、价值判断、评价推理就是评价活动中主体反映价值的基本思维形式。规范是价值观念的社会历史积淀，于是就能"以其人之道还治其人之身"，用来整合主客体之间的价值信息，形成价值判断。价值尽管是客观的，但不是客观的物质实体，与物质实体必须在认知活动中予以呈现不同，价值必须通过评价活动在主体所赋予的意义中表达出来。意义是价值信息和意向、意味的统一。意义作为价值的观念产物有一个对价值是否正确反映的问题，它既涉及主体正确选择评价标准，从而正确地把一定的主客体之间的价值关系作为反映对象；又涉及对这种价值关系的正确反映。不能把认识论中意义的真假问题与伦理学中意义的合理与否问题混为一谈，尽管二者是联系在一起的。这篇文章被多家刊物和报纸全文转载或摘载，在当时的价值哲学界产生了一定的影响。

1993 年，我的《马克思主义认识论与真善美》由上海市第二届马克思主义学术著作出版基金资助出版，这是我学术生涯中第一本真正意义上的学术专著，尽管只有 20 万字。实践所创造的为我之物是真善美的统一，这种真善美的统一要在指导人们的实践中得到贯彻和实现，就必须首先在实践主体的观念中予以体现，这就意味着人的认识活动中应该包含有关真善美的内容。在认知活动中，主体揭示事物的本质和规律，即事物的"种的尺度"，从而达到对于"真"的把握。在评价活动中，主体以自身的需要，即"自身的内在尺度"来看待客体属性对于满足主体需要所具有的意义，从而实现对于"善"的把握。在审美活动中，主体"在他所创造的世界中直观自身"，揭示了"种的尺度"和"自身的内在尺度"之间的统一或和谐，引起主体自身情感上的愉悦，从而实现对于"美"的把握。既然认识活动包括认知、评价和审美，那么三者之间属于怎样的关系？这是我构建认识活动结构时遇到的一个难点。记得当时，我把审美活动理解为认知和评价的统一，由此就构成了认识活动中的正、反、合结构，体现了我对广义认识论思考的基本思路，为此我确实兴奋了好几天，至今历历在目。在此著作中，我用一章篇幅专门阐释评价论机制，又在与认知和审美相对比的几章中阐述评价论的相关原理。这些内容正体现了我当时对评价论问题的思考。

上述的论文和著作，表明我把认识活动的内涵扩大了。当时，认识论是改革开放后我国哲学研究的显学。有好几篇关于我国认识论研究的综述，把我的上述观点列为广义认识论的代表。我正是从广义认识论视阈来研究与认知活动相对应的评价问题的。我把认识论与价值论结合，评价活动就是价值论中的认识活动，评价论就是价值论中的认识论。这个观点我至今没有改变。

尹：您把传统认识论中的认识活动与认知活动等同扩展为认识活动包括认知、评价和审美，这对传统认识论的批判是有冲击力的。如果没有80年代改革开放所带来的宽松学术氛围，这种广义认识论观点就是对"经典"马克思主义原理的离经叛道，就要受到"正统"马克思主义的批判，这在历史上是有先例的。因此，我很理解您说的"我很怀念80年代的社会风气和学术氛围"。从广义认识论的视阈来研究价值论，这是您研究评价论的一个特点。从您的论文和著作中，我发现您以后就一直在评价论这口"井"中挖掘，由此在评价论领域发表了数百篇论文和10余本专著，在国内学界中形成了关于评价论的系列，在我国的价值论界产生了很大的影响。您能否向我们介绍一下这几本著作的内容及它们之间的脉络？

陈：我于1995年出版了由上海市马克思主义学术著作出版基金资助的《评价论导论——认识论的一个新领域》。该书较为系统地研究了评价活动在认识活动中的地位和作用；研究了评价活动机制中的选择评价标准环节和整合价值信息环节；研究了意义作为评价活动成果的存在形式及其结构；研究了规范、价值判断和评价推理等作为思想形式在评价活动中的机制；研究了以主体自身为对象的自我评价活动；研究了以社会群体为主体的社会评价活动；还研究了中国特色社会主义价值观念体系的建设；等等。我用"社会主义价值观念体系和中国特色社会主义价值观念建设"作为最后一章的标题,这在实际上已经涉及了十几年后党中央提出的社会主义核心价值体系的命题了。事隔20多年,我还是认为在这本著作中,我关于评价论的原创性思想是最多的,我的以后一些著作,从某种意义上说,都是这本著作中原创性思想的展开,因此把此书名为"导论"是实至名归的。

在以后的几年中,根据研究自身的逻辑,我自然而然地从对评价活动一般机制的研究转向对于社会评价活动机制的研究。我于1994年在《人文杂志》上发表的《论社会评价活动的机制》,注重于以群体为主体的社会评价活动机制研究。该文原初是一篇参会论文。在这篇参会论文以前,学术界对于社会认识论和社会评价论的主流理解就是把社会作为认识与评价的客体。因此我的参会论文在会议中引起注意,在会后发表的两篇会议综述中都有较大篇幅提到此文的内容。这就使我把研究的重心放到关于社会评价论的研究上。在1997年由上海市马克思主义学术著作出版基金资助出版的《社会评价论——社会群体为主体的评价活动思考》里,我特意加了一个副标题"——社会群体为主体的评价活动思考"。黑格尔把一个社会通过"国家"表达意见的方式称为"有机方式";把一个社会"没有经过某一种程序的组织"而表达"他们意志和意见"的方式,称为"无机方式"。由此,我就把以权威机构为主体的评价活动称为社会评价活动的"有机"方式;把以权威机构以外的群众为主体的评价活动称为社会评价活动的"无机"方式。

我认为,社会评价活动中的实际主体作用必然以两种现实形态即民众评价活动和权威评价活动体现出来,除此以外,没有第三种现实形态。在此基础上,在研究逻辑的推动下,我对社会评价活动中的两种现实形态分别作了研究,先后出版了由上海市马克思主义学术著作出版基金资助的《民众评价论》和《权威评价论》两本姐妹著作。

2004年出版的《民众评价论》,是在国家社会科学基金项目"民众评价论研究"(01BZX015)结题报告的基础上形成的。在第一编中,我着重研究了两个问题,即:社会群体作为评价主体何以可能?民众评价活动作为社会评价活动的现实形式何以可能?由众多个体集合而成的社会群体所具有的自身得以存在和发展的特定需要,以各种利益的形式反映在社会群体的意识之中,并转化为社会群体的意志,由此,社会群体就具有能动性,从而就能成为评价活动的主体。就民众评价活动而言，通过众多个体评价意见之间传播过程中的客观化中介，评价活动的主体由个体主体转化为群体主体，评价活动的内容由个体内容转化为群体内容，于是民众评价活动就在众多个体评价活动及其传播的互动基础上形成。如果说权威评价活动中的主体能动性是以自觉形式体现出来的，那么民众评价活动中的主体能动性是以自发形式体现出来的。在第二编中，我着重研究了民众评价活动的四种类型：社会舆论是民众评价活动的一般形式，社会谣言是民众评价活动的否定形式，民谣是民众评价活动的艺术形式，社会思潮既是与上述三种类型相并列的一种类型，又是以它们为表现形式的具有综合性的一种类型。在第三编中，我着重研究了民众评价活动的作用、悖论及疏导。民众评价对民众中的个体和与民众相对应的权威机构是一种"普遍的隐蔽的强制力量"（马克思）。民众评价活动的自发性使得它既容易被民众领袖误导又容易被权威机构操纵，但由此所形成的损害民众利益的结果要由民众来承担，这就形成了民众评价活动特有的悖论。加强言论的法制建设，就不仅要对言论自由予以保护，而且要对滥用言论自由给以限制。在一般情况下，"防民之口，甚于防川"，民众评价活动只能疏通和引导，而不能堵阻。

2006年6月，我的《权威评价论》出版，该著作是在教育部人文社会科学研究"十五"规划第一批研究项目"权威机构评价活动机制研究"（01JA720001）结题报告的基础上形成的。在第一编中，我对权威机构作了分析，尤其对作为权威机构人格化的领袖的作用作了分析；在与民众评价活动和个体评价活动的对比中，对何以理解权威评价活动是社会评价活动现实形态作了分析；为具体理解权威评价活动的根据，对权威评价活动的历史形态如宗法宗族制评价活动、宗教裁判所评价活动以及科举考试选拔制评价活动等作了分析。在第二编中，我对权威评价活动中的评价标准选择机制作了分析，分析了权威评价标准中的以规范形式呈现的"软件"和以规则、规定、条例、法律条文、法令、政策、契约、协议等形式呈现的"硬件"，分析了权威评价标准中的指标体系及其信度和效度问题；分析了权威评价活动中的决策机制，分析了权威机构选择评价标准的根据和正确选择评价标准的因素，分析了权威评价活动中的决策本质和特点，分析了决策中的推理形式、决策方式和方法，尤其对贯彻于其中的优先推理的原理作了研究；分析了权威评价活动的检验及修正机制；尤其是分析了法律的评价机制、行政的评价机制和权威的道德评价机制。

在第三编中，我分析了权威评价活动通过赏罚"二柄"和宣传舆论所形成权威性的机制；尤其是分析了处于权威机构具体职位上的"官员"既抽象又具体的两重性及由此引出贯彻权威评价活动始终的"公"与"私"的基本矛盾。在实行"按劳分配"社会主义初级阶段中，处于权威机构中各级职位上的官员行使权力的行为，作为谋生手段的劳动，在本质上是一种追求自身利益最大化的经济活动。共产党的立党宗旨决定了，所属权威机构制定权力运行规则以践履其为人民服务的宗旨。权威机构中的各级官员在行使权力的过程中，或者遵循或创造性地遵循权力运行规则，以在体制内获取自身利益的最大化；或者破坏权力运行规则，以在体制外获取自身利益的最大化。前者就是广义理解的"公"，而不能狭义地理解为排除个人利益；后者就是狭义理解的"私"，而不能广义地理解为获取个人利益。这个"公"与"私"的基本矛盾运动贯彻在权威机构的运作过程始终，并引出了权威评价活动中的悖论，而消除权威评价活动中的腐败正是走出悖论的重要途径。

尹：您的《自我评价论》在2010年入选首届"国家哲学社会科学成果文库"，并由全国哲学社会科学规划办公室统一组织于2011年出版。此文库每年评审一次，被全国哲学社会科学规划办公室誉为"代表当前相关领域学术研究的前沿水平，体现我国哲学社会科学的学术创造力"，起着"充分发挥哲学社会科学研究优秀成果和优秀人才的示范带动作用"。请您谈谈这本著作的出彩观点及在您的评价论系列著作中的地位。

陈：《评价论导论》《社会评价论》等的评价论研究主要是主体对外部世界的评价活动，研究的逻辑需要返回自身，即要研究主体对内部世界的评价活动。自我包括个体自我和社会自我，因此自我评价论就既要研究个体对自我的评价，也要研究社会对自我的评价，还要研究个体自我评价与社会自我评价之间的关系。从研究对外评价活动回归到研究对内评价活动，从分别研究个体评价活动和社会评价活动到研究两个评价活动之间的关系，这就形成了关于评价论研究轨迹的一个"圆圈"。

《自我评价论》是在国家社会科学基金项目"自我评价活动机制研究"

（06BZX009）结题报告的基础上形成的。此书分四编，共 15 章，有 57 万多字。第一编研究自我意识和自我评价规定及其历史形态。"我"是本著作研究的逻辑起点，对于我而言，也是最困难的。记得当时对于这个起点的思考，我花了半年时间，几易其稿，形成了单篇论文《哲学审视中的我》。"我"是人们日常生活中使用频率最高的词语，从语言发生学的角度来理解，"我"内含着"我们"。作为哲学概念的"我"需要通过作为语词概念的"我"来表达，语词学对"我"的研究为哲学的研究提供了基础和启示。对于"我"的哲学研究必须从把体现"类特征"的生命活动"作为自己的意志和意识的对象"（马克思）出发，由此分析出"为我关系"中作为主体的"我"和与之相对应的作为主体主宰的意识中的"我"。对于后一种"纯粹的自我具有我思的普遍样式"（胡塞尔）。"当我自己称自己为'我'时"，意味着人是"一个能意识到普遍性的普遍者"（黑格尔），主体能动性的发挥是与这种"双重的性能"联系在一起的。自我意识作为精神的自我映像是意识的最高形态，存在于个体和社会之中，然而"我"总是一种社会的建构。可以说，哲学史就是对于"我"及自我意识的研究史。自我评价活动的历史形态包括积淀为原始集体意识的"图腾""禁忌""巫术"和"神话"等、古希腊的"铭言"和"寓言"等、儒家文化的《论语》中"吾日三省吾身"等、斯宾格勒的《西方的没落》等。这几种形态体现了个体自我评价活动和社会自我评价活动由低到高的历史过程。

　　第二编研究个体自我评价活动。个体自我评价活动与实践活动内在地联系在一起，是人的生存方式，主要以内省的方式进行，但"并非私人的"，总要以生存方式的形式体现出来，从而是"可以接受经验观察的"（杜威）。当代社会的自我认同危机，包括个体不能形成统一的、连续的、整合起来的自我观念形象即人格分裂以及个体失去对自我价值、自我意识的积极感受即人生意义失落。互联网的虚拟交往对自我认同危机可以说是"雪上加霜"。自我评价活动中主体的两重化决定了评价过程、内容和成果形式的模糊性；自我评价活动与对外评价活动之间以及自我评价活动与他人或社会对"我"的评价活动之间的相互作用，增加了自我评价的复杂性。自爱、自尊、自信和耻感是人生在世必须面对的几个基本问题，由此就成为个体自我评价活动中的几个基本范畴。良心活动典型地体现着个体自我评价活动的基本特征。良心是社会基本规范的积淀，既体现着社会理性，又表现为个体的道德情感。良心不安或谴责是个体对自身行为的否定评价，然而在实质上却体现着社会主体对个体所作所为的否定评价，因而具有双重性。良心的不安或谴责的深化往往与忏悔相联系，从而带有很强的宗教色彩。人生总是"向死而生"（海德格尔）的，传统人生价值所理解的"个人对社会的责任和贡献及社会对个人的尊重和满足"具有逻辑矛盾。人生价值既包括人生的自我价值又包括人生的社会价值，不能用后者来替代前者，二者在本质上又是统一的。个体对自我人生价值的肯定就是对自身作为生命过程存在意义的确认。一般说来，自杀是人生价值自我否定的一种极端体现，到人生的非存在中去寻找自我人生的意义本身就是一个悖论，因此不应该美化自杀，更不应该把自杀上升到精神崇拜的高度。现实的人生总是在既定历史条件下人自身所作所为的产物，关于人生的自我评价必然导致人生的自我塑造，唯有自己才应该对自己的一切负主要的尽管不是全部的责任。

第三编研究社会自我评价。国家权威评价活动和社会民众评价活动尽管把社会运动、社会事件和社会问题等作为评价对象，然而由于"认识活动中的主客体相关律"（夏甄陶），寓于国家权威评价活动和社会民众评价活动中的社会主体必然会把寓于社会运动、社会事件和社会问题等中的社会主体作为评价对象，于是这两个评价活动必然在实际上成为社会自我评价活动的两种现实形态。在当今中国，互联网正在渗入社会生活的各个方面，使个体意识凸显，从而总意味着社会自我意识的深化。互联网所形成的公共领域使得人们获得了前所未有的人际之间的沟通自由，从而对社会民众评价活动和国家权威评价活动产生重大影响，自媒体和电子政府使这两个评价活动发生革命性变化，使其带上了时代特征。

第四编研究自我评价活动与自由之间的关系。"主体的物化"过程作为"自由的有意识的活动"（马克思）即实践活动是自愿和自觉的统一。主体在实践活动中把握内在必然性和外在必然性的统一，形成以主体固有爱好方式体现的与自愿相联系的目的和以主体自我设定方式体现的与自觉相联系的方法，从而就能理解自由就"在于没有绝对的外物与我对立"（黑格尔）。一般而言，自我评价活动通过凸显主体"我"的意识而凸显主体能动性，通过对"我"的所作所为予以规定使主体的自我塑造处于我的控制之下，从而体现对自我意识自觉的意义。特殊而言，主体在实践活动中的自愿和自觉与合理目的的设定和有效方法的运用联系在一起，而合理目的和有效方法的形成离不开自我评价。社会自我评价活动是社会走向自由的环节。社会作为自组织系统，从外部自然界获得能量，不断地再生产自身。从历史上看，社会失范是一种经常的现象，"人类可以无自由而有秩序，但不能无秩序而有自由"（亨廷顿），因此重新恢复秩序就成为社会自我控制的首要任务。现实造就未来，成熟的与自我评价活动相联系的社会自我控制使现实在合理性中展开。自我评价活动通过其内在具有的自为性的中介，不断地由自在转化为自觉，从而使社会不断地由必然王国走向自由王国。

此书的内容在一定程度上把我以前研究的有关评价活动、个体评价活动和社会评价活动的内容进行了概括。然而，根据"人体解剖是猴体解剖的一把钥匙"（马克思）所提供的原理，这不是以前内容的简单相加，而是在自我评价的高度上予以整合，从而使我的研究有了一个提升。这就使本书成为我学术生涯中的一个制高点。

尹：您在前面说到，《评价论导论》的最后一章的标题是"社会主义价值观念体系和中国特色社会主义价值观念建设"，这已经涉及十几年后党中央提出的社会主义核心价值体系的命题了。我在知网中查阅到您在价值观问题上写了很多文章。您的研究不是直接论述社会主义核心价值体系或社会主义核心价值观的意蕴或意义，而是主要对核心价值体系或核心价值观的一般原理予以分析。您能否在这方面给我们作些介绍？

陈：评价反映的是主客体之间的价值关系，由此就形成价值意识，而价值观念则是价值意识的凝聚；对以社会民众评价活动和国家权威评价活动为现实形态的社会评价活动的研究必然会涉及在社会意识中形成社会价值观念以及以什么样的社会价值观念作为社会主导价值观念的问题。因此，研究社会价值观念对于我而言就成为顺理成章的事了。

2007年和2008年我在《哲学研究》与《马克思主义研究》上发表了《社会主义核心价值体系——从价值哲学的角度看》和《论核心价值体系》，并带领上海大学的"价值与社会研究中心"团队一起研究，于2008年出版了由上海大学211文科"跨越"发展项目资助的《社会主义核心价值体系的价值论研究》。以此为基础，我于 2009 年获得国家哲学社会科学基金重点项目"价值论视阈中的社会主义核心价值体系研究"（08AZX005）。研究核心价值体系需要问题意识，我于 2010 年获教育部"中国共产党成立 90 周年专项课题""克服社会主义核心价值体系'边缘化'研究"（10JDJNJD184）。我与另一年轻老师于 2011 年出版了由上海市社联资助的《坚持核心价值体系的人民主体性——关于克服社会主义核心价值体系"边缘化危机"的思考》。我又主编了《社会主义核心价值体系论研究》，该书于 2012 年由中宣部、新闻出版总署弘扬社会主义核心价值体系出版工程项目资助，在北京师范大学出版社出版。

我尤其要提一下以我个人署名的于 2016 年出版的《核心价值体系论导论》。在此书的成稿过程中，我把几乎所有章节的内容整理成 25 篇论文并予以发表，此书是我对价值观问题研究的一个小结。我认为"核心价值体系"是比"社会主义核心价值体系"更为一般和普遍的概念。"低等动物身上表露的高等动物的征兆，只有在高等动物本身已被认识之后才能理解"（马克思），通过特殊固然能揭示内蕴于其中的一般，然而通过处于高级阶段的特殊，由于能充分展示仅体现为"征兆"的处于低级阶段的特殊，从而就能更深刻地理解内蕴于其中的一般。研究了核心价值体系在当今中国社会生活中所具有的客观根据，就能深刻理解作为一般的核心价值体系在人类社会生活中所具有的客观根据，思维经过这样来回，就又能反过来给当前社会主义核心价值体系的建设启示。

在这本著作中，我遵照黑格尔指出的范畴的展开是"潜伏于它本身的东西"的"发挥和实现"的方法论，把全书分成四部分：第一部分对作为研究对象的一般"核心价值体系"范畴的意蕴进行阐述；第二部分是核心价值体系范畴的展开，阐述核心价值体系与意识形态、核心价值体系与文化之间的关系；第三部分研究作为其展开的核心价值体系与国民结合中的认同、共识和信仰环节；第四部分是回归到作为核心价值体系研究根据的社会主义核心价值体系，对作为特殊形态的社会主义核心价值体系的具体问题——主体性问题进行分析。

在核心价值体系与国民结合的问题上，我引用了"熵"的概念，这在我国的核心价值体系和核心价值观研究的数以千计的论文和数以百计的著作中可能是第一次，也可能是唯一的。熵定律被认为是物理学中与能量守恒定律相并列的两大最高定律之一。"熵是物质的状态参数"，"熵是系统无序程度的量度"，"孤立系统内实际发生的过程，总是使系统的熵值增加"，于是就出现了赫尔姆霍茨于1856年提出的著名"热寂说"预言。100多年来，随着人们对自然规律认识的深入，熵定律的应用远远地超出了热力学范围而被运用到人类社会。我认为，个体意识和社会意识中存在以熵为标志值的有序和无序，当作为系统的意识能从系统外不断地"摄取自由能量"以增加负熵时，系统的熵值降低，其有序性就不断提高；反之，其有序性就降低。如果说，意识向熵增加的变动是一个自发的过程，那么向负熵增加的过程就是一个自为的过程。人的能动性发挥能在一定程度上调节意识变动中有序与无序的关系。

在核心价值体系与国民相结合的过程中，个体认同是其微观环节，社会共识是其宏观环节，分别与个体意识和社会意识中有序与无序的变动联系在一起。熵体现为社会主导价值观念与国民相结合中个体认同度和社会共识度的标志值。一般而言，人类历史体现了人类总是不断地从外界"摄取自由能量"，从而使作为系统的人类社会的熵运动能够朝着与负熵增加的方向发展。在社会意识中，具有现实性的社会统治者总要把其所倡导的社会主导价值观念，通过意识形态的努力，在微观层次的认同环节和宏观层次的共识环节中，使个体和社会意识由无序转化为有序，以凸显社会主导价值观念。在社会发展史中，个体意识和社会意识中的熵值低有利于个体和社会的发展，但不能由此认为熵值越低就越好。如果一个社会中只有一种社会价值观念，即使它具有人文精神的时代特征，而没有其他社会价值观念，那么就谈不上各种社会价值观念之间的碰撞，个体意识和社会意识就会僵化。这就是说，个体意识和社会意识中的熵值应该控制在一个度中，这个度与人文精神的时代特征是具体地联系在一起的。这对于我们研究核心价值体系与国民相结合的问题具有重要的启示。

《核心价值体系论导论》中几乎所有的章节内容都形成单篇论文发表过，凝结了我近十年的心血，然而此书是我个人著作中唯一没有拿到稿费的。原因就在于，当时我国意识形态正注重于社会主义核心价值观的宣传，于是就有人认为此书所涉及的主题即社会主义核心价值体系已经过时了。

其实，如十九大政治报告所指出的，"坚持社会主义核心价值体系"是"不断增强意识形态领域主导权和话语权"的重要内容。

尹：我们从全国哲学社会科学规划办公室网站上得知，您于 2018 年底提交结项报告的国家课题"评价论视阈中的社会自我批判"（14BZX007）已经于 2019 年 6 月通过专家鉴定，获得了很好的评价。您根据马克思的"人体解剖"命题，把社会评价深化到社会自我批判，由此就把您的评价论体系进一步拓宽和加深了。请您对此结项报告的内容予以评述。

陈：为与前几本著作的书名《评价论导论》《社会评价论》《民众评价论》《权威评价》《自我评价论》和《社会核心价值体系论导论》相一致，我把此课题的结项题目定为"社会自我批判论"。从评价论出发，分析马克思的"人体解剖"思想，形成社会自我批判理论框架，用这种理论框架分析历史上典型的社会自我批判案例，对正在进行的社会主义改革予以审视，这就成为课题结题报告的结构。

（1）从"当代的自我阐明"理解社会自我批判思想在马克思主义中的地位。从马克思的批判哲学到"人体解剖"命题中内蕴的社会自我批判思想，再到社会自我批判思想与马克思两大发现即"剩余价值"和"人类历史的发展规律"之间内在关联的分析，理解社会自我批判思想在马克思主义三个组成部分中的地位。由于作为马克思哲学瑰宝的自我批判思想在以往的国内外研究中是多少地被遮蔽的，这就凸显了本研究的创新意义。

（2）从评价论角度来理解社会自我批判的意蕴。评价、自我评价，尤其是社会自我评价，是社会自我批判的理论基础。社会自我批判与一般的社会评价活动相比较，总能从否定角度理解社会自身并予以反思；社会自我批判与狂风暴雨式的社会革命相比较，由于能调动社会上下两方面的积极性，从而就能克服各自所固有的局限性，于是就具有"人体解剖"式的深刻性。社会自我批判由"批判的武器"和"武器的批判"两个环节组成，前者是"头脑的激情"，属于理论层面，后者是"激情的头脑"，属于实践层面。在这两个环节中，贯穿着以"自上而下"和"自下而上"态势进行着的国家权威批判活动和社会民众批判活动，体现着有机与无机、自觉与自发的统一。人文精神是贯穿于社会自我批判中的"势"，它以生动的形式展开，不仅对价值理性和工具理性的异化予以批判，而且为整个批判过程提供动力。在社会自我批判中，忧患意识是以感性形式呈现的关于"吉凶成败"的心理状态，体现着社会主体责任的自觉；实践意志是由"批判的武器"环节转化为"武器的批判"环节的中介，是目的和方法的理性内容与冲动的感性形式的统一；社会主体把体现"批判的武器"中获得的认识论意蕴的真的价值观念，通过"武器的批判"转化为体现本体论意蕴的真的社会基本制度，由此感受到主客体之间的融洽与和谐，形成情感愉悦的美感。社会自我批判既是追求真的过程，又是创造美的过程。

（3）从评价论角度分析人民主体在社会自我批判中的作用。应该从形式逻辑的集合概念和辩证逻辑的辩证概念双重意蕴来理解"人民"概念，由此就能把握马克思的"现实的个人们"思想的深刻性。把"人民"仅仅作为集合概念来理解，是整体主义时代的产物。人民主体意识是社会意识"庙堂里"中的"至圣的神"①。利益是人民通过体制外和体制内途径表达其意愿的根本动因。人类生活在以互联网为技术基础的数字化环境中，自媒体引发的信息源和信息渠革命，使人民意愿的表达进入了一个新时代。人民主体作用是"批判的武器"和"武器的批判"得以发动与进行的根据，"世界历史个人"作为"世界精神的代理人"在社会自我批判中的作用既不能否定，更不能夸大。

（4）从社会自我批判的角度来理解社会主义改革及其深化。历史中没有例外，但有典型，"文景之治""彼得一世改革"和"明治维新"是三个处在历史不同时期的社会自我批判较为典型的案例。社会自我批判是社会主义改革的本质。在社会自我批判中确立社会主义社会的历史地位，即跨越"卡夫丁峡谷"的社会主义不是从资本主义社会中脱胎出来的，而仅仅是跨越了资本主义社会制度的社会主义，其基本特征是由"不发达"向发达的过渡。针对两种社会主义类型的混淆，邓小平提出了"什么是社会主义，什么是马克思主义"的历史之问。应该对"人民主人翁"心理失落具有忧患意识，由此就需要有从"为人民服务"到"以人民为中心"的人民主体意识创新。新时期中国社会主要矛盾转化所提供的新内容，可以从需求侧和供给侧两方面予以分析。与人的尊严相关联的政治生活和社会生活

---

① 〔德〕黑格尔：《逻辑学》上卷，杨一之译，商务印书馆，1966，第198页。

成为新时代人们对于美好生活需要的内在要求，由此对深化改革的启示是：与市场经济提供经济活动的激励机制相对应，真正能提供政治激励机制的是以人民当家作主为本质的社会主义民主政治，在社会自我批判深化中凸显"人民当家作主"的制度机制就成为题中应有之义。

尹：听了您对自己学术思想脉络的阐述，我很受感动。30多年来，您对评价论执着研究，顺着研究的内在逻辑，在数百篇论文和10余本著作的基础上形成了一个属于您自己的学术体系。在浏览您的论文和著作时，我发现在邓小平理论研究和美学方面您也有您自己的独到见解。这方面的研究与您的评价论研究是什么关系？

陈：邓小平认识论思想是邓小平的中国特色社会主义理论的基石，我对邓小平认识论思想的研究凝结在由上海市马克思主义学术著作出版基金资助的于2000年出版的《邓小平认识论思想论纲》中。在传统认识论视阈中，认识就是认知，由于我认为认识活动不仅包括认知而且包括评价，把认知与评价相结合来研究邓小平的认识论思想就与当时大量出版的关于邓小平理论研究的论文和著作区别开来。从这个意义上说，我对邓小平认识论思想的研究仍然是我从事评价论研究的一部分。

从《邓小平文选》三卷中可以梳理出邓小平认识论思想的酝酿、形成和发展的历史线索。邓小平认识论思想是邓小平理论的基础，从而也成为其理论的组成部分。由此的逻辑结论是，对于邓小平认识论思想的研究固然离不开邓小平改革开放前几十年的革命生涯，但必须以改革开放的实践为根据。根据恩格斯的逻辑，以历史为基础的思想，可以把邓小平认识论思想概括为：以实践为基础，解放思想，实事求是，讲究实效。它们构成了邓小平认识论思想的内在结构。

我认为邓小平认识论思想中最有特色的是"实事求是"，它是邓小平理论的精髓。我把《邓小平认识论思想论纲》中的相关内容予以整合，在《南京大学学报》上发表了《从事实出发，从事实中求是——邓小平认识论思想中"实事求是"研究》。实事与事实不一样，前者属于本体论，后者属于认识论。"事实"范畴是马克思主义认识论的一个重要范畴。在认识活动中，认识的出发点不能离开意识领域，这个在意识领域的出发点就是事实。事实是客观事物的直接呈现；事实在内容上与客观事物直接同一，是以实践为中介的事物通过感官的直接呈现。事实可分为两类，客体事实和价值事实。它们分别对应着两类事物，客体和主客体之间的价值关系（或价值）。客体事实就是客体通过感官在主体意识中所形成的感性呈现，它主要与感官的形象性的综合相联系。价值事实就是主客体之间的价值关系通过感官在主体意识中所形成的感性呈现，它主要以与客体属性对主体需要满足与否相联系的感受形式呈现出来。客体事实与价值事实不可分割地联系在一起。尊重事实，就能使我们想问题、办事情，一切从实际出发。实际就是实际情况的呈现，也就是事实。如果说"尊重事实，一切从实际出发"是对事实的态度，那么"从事实中求是"就是认识活动必须遵循的基本原则。由于事实包括客体事实和价值事实，因此从事实中求是的认识活动就相应地包括认知和评价。从事实中求是必然要涉及评价活动中的"公说公有理，婆说婆有理"问题。我国改革开放中的许多争论就是如此。对此，邓小平提出了不争论的主张，认为要让事实来说话。让事实来说话就是归根到底要以"三个有利于"即以"是否有利于发展社会主义社会的生产力，是否有利于社会主义国家的综合国力，是否有利于提高人民的生活水平"为标准来评价事实。从社会历史主体出发进行评价是邓小平对社会评价理论的一个贡献。

我关于美学问题的研究，也是与评价论的研究联系在一起的。我在前面说到，我把审美活动理解为是认知和评价的统一。对于客体的正确认知不存在主体差别，主体的变化不影响客体的本质以自身的状况显现，因而认知活动是"无我有物"，主客体之间的关系是外在的。评价活动在于反映客体属性与主体需要之间的关系，关心的主要不是客体本身，而是主体需要的满足，主体的状况和客体所显现的功能相互依存，因而是"有我无物"，主客体之间的关系是内在的。审美活动作为认识活动必须在主客体之间的关系中进行，由于审美活动既有别于认知活动，也有别于评价活动，因而主客体之间的关系就既不能是外在的，也不能是内在的，从而对于主体而言就陷入悖论。从形式上看，悖论把一个规定的两个对立环节先分别地加以肯定，然而又把它们联结在一起，"本意是指'似非而是'（不是'似是而非'。——引者注）"（贺麟）。根据黑格尔说的悖论在于"破除知性形而上学的僵硬独断"以"指引到思维的辩证运动的方向"的方法论启示，由此就决定了审美活动既具有认知的"无我"特点，又具有评价的"有我"特点，其主客体之间的关系既是外在的，又是内在的，从而是认知活动和评价活动的统一，因而体现着"物我一体""天人同一"。根据我的理解，美与美感同一，美是比价值更高的范畴。我以《论审美活动的认识论机制》为题在上海的《上海社会科学院学术季刊》上发表论文。《光明日报》理论版编辑看到此文后写信给我，我又在《光明日报》理论版上发表了《审美活动的认识论新审视》，此文被《新华文摘》全文转载。以后经过了约十年的磨炼，在上述内容的基础上我于2002年在华东师范大学出版社出版了拙著《审美活动认识机制论》。此书的出版还有一段轶事：30多万字的《审美活动认识机制论》书稿形成后，我就把书稿送上海市马克思主义学术著作出版基金委员会以期得到资助出版。尽管是匿名评审，但业内知道这是我的书稿，因此就有两个评审专家私下对我说书稿不错。但出版基金委员会给我的正式通知是，我的书稿不予以资助。后来几经周折，此书获得上海市教委负责的"上海市教育学术图书出版基金"资助。事隔十几年，上海财经大学校长在一次与我私下交谈时透露，在上海市马克思主义学术著作出版基金委员会的最高会议上，时任上海市委宣传部的一位副部长说，此书稿尽管在匿名评审中获得通过，但他仍然认为不能把审美活动理解为认识活动。于是，一锤定音，决定了此书稿的命运。

尹：请您谈谈您对我国价值论尤其是评价论研究的展望。

陈：我国价值论的研究是从评价论研究开始的，以后价值论的本体论研究和价值论的认识论研究又相互缠绕在一起，共同促进了我国价值论研究的发展。我国价值论研究的兴起与改革开放随着市场经济发展中的主体意识凸显是联系在一起的。"主体性问题是价值论研究中的一个关键问题"，价值论研究就随着主体意识的凸显应运而生。

随着价值论研究的深入，对已有价值论研究方式不断地提出质疑，这有利于价值论研究的不断深入。有一种方法论上的质疑，就是要取消主客两分法，"由于切入价值问题的方式是一种传统的认识论立场，结果导致价值哲学最核心的问题几乎全部被'认识论化'"。将价值论研究中的主客两分法与传统认识论等同起来，似乎不妥。传统认识论把认识与认知等同确实片面，但至少对评价活动的研究要离开认识论是不可理解的，正如对价值问题的研究要离开主体性是不可理解的一样。关于评价论研究的展望，我曾说过多次。

我把评价论研究理解为在价值论领域中的认识论研究，由此的一个问题就是要研究评价活动在认识活动中的地位。评价在认识活动中的地位问题，很重要的就在于评价与认知相比较中，到底是认知活动更为根本还是评价活动更为根本。持前一种观点的人认为，先有认知才有评价，不知道客体属性和自己的需要，评价就无从谈起；而且认识的主要内容是揭示客体的本质和规律。持后一种观点的人认为，先有评价，尔后才有认知和评价的相互作用。持这种观点的人从认识发生学的角度来考察，人类祖先在与周围事物发生"认识"关系时，首先感兴趣的是这些事物对自身的生存是"有利"还是"有害"，在进一步探究利害的原因时，才需要揭示事物的本质和规律。弄清楚认知和评价何者更为根本，这是认识论研究的一个重要问题，也是评价论研究需要解决的问题。

评价活动的思维形式问题。西方哲学家拉蒙特和塞森斯格都有专著论及价值判断，拉特、雷斯特、舍勒等则对评价推理中的优先推理作过专门研究。但国内对价值判断和评价推理的研究并不多。对于作为整合价值信息的逻辑细胞的规范，则国内和国外都没有很好地研究。在很多研究评价的论著中，人们还是用概念作为最基本的逻辑范畴。以认知活动为研究对象的认知论（即传统所谓的认识论）比较成熟，其重要标志就是有一套完整的作为思维形式的范畴体系，即能用概念、判断和推理来描述认知的思维活动及其规律。评价论要达到成熟，必须建立一套不同于认知论的作为思维形式的范畴体系。哲学家要研究评价活动的思维形式，要研究评价活动中各种思维形式的内在矛盾以及各种思维形式之间的转化关系，还要研究认知活动和评价活动的两类思维形式之间的关系。

应该开展对于哲学应用领域的研究。有价值存在就有评价活动，任何一个具体领域的评价活动都有一套独特的评价指标体系。评价论的研究应该把视野拓展到这些领域之中，因此评价论要与经济学、政治学、社会学、管理学、统计学、教育学等相结合，开展对具体领域独特评价指标体系的研究，开展对具体领域独特评价过程的研究。这种应用性研究为评价论研究提供了新的领域，反过来就能促进评价论自身的基础理论研究。

尹：您几十年执着地在评价论领域"挖一口井",从中既感觉到人生如白驹过隙,又感觉到人生分量的沉甸甸。能否谈谈您的学术人生感悟?

陈：这些专著和论文,在没有电脑的时期,是我一字一字地写下来的,在有电脑的时期,是我一字一字地敲下来的。我是用我的人生在写这些文字!我看到不少博士生和硕士生的论文把我的文字作为参考文献,不少专著和论文也把我的文字作为参考文献,我也看到不少专著和论文引用了我的文字,我感到十分欣慰。关于评价论的研究以后肯定会有很大的发展,我的文字能为以后发展的道路起到几粒铺路石子的作用,我就满足了。

马克思把劳动理解为"不以一切社会形式为转移的人类生存条件"。古往今来,劳动一直是人们谋生的手段。从人生时间资源的使用角度来理解,劳动是为了不劳动而享受闲暇。在现代社会,前者往往与人们从事的职业相联系,后者往往与人们的享受生活相联系。我很高兴我所从事的高校教师工作,能在一定程度上把作为教师职业的教学和科研劳动与我的享受生活联系在一起。当然,随着年龄的变动,劳动意味和享受生活意味之间的比重在不断地变动。就我现在而言,70岁才退休的我把学术研究主要与享受生活联结在一起,由此从事学术研究就成为我的一种人生关怀。

以下是我在《自我评价论》的后记中写下的片段："我很欣赏加缪对于古希腊神话的西西弗斯(即推石上山的巨人)故事所揭示的人生意义的悖论……生活的悖论就在于:似乎越是不去意识、洞穿全过程,则越有可能建立所谓的'意义';而越是不能意识、洞察全过程,则越是远离、失去'意义'。人类的伟大之处就在于,它既是宇宙合目的性显示的高级形态,又能意识到自身的处境,从而执着于每一个'现在',并穷尽和享受每一个'现在'。只有带着这种对于全过程的悲剧意识,才能充分体验人类一代代每个局部过程的生命意义,也才能充分体验一个个个体过程的生命意义。"这段文字我曾多次写下,但每一次写下,感受都不一样。在"向死而生"的人生过程中,每多了一份经历,对于人生价值悖论的理解也就深了一个层次。

【执行编辑：杨　丽】

改革开放 40 年中国价值论研究

Research on China's Axiology in the Past 40 Years of Reform and Opening-up

当代中国价值哲学研究的历史逻辑[*]

杨学功^{**}

【编者按】 在《价值论研究》2019 年第 1 期的编者按中指出：中国改革开放 40 年来，在哲学领域里价值论研究可以说基本上是从无到有，现已成为中国哲学领域中的一门显学。对中国价值论研究的历程予以"使思想自觉其为思想"的反思很有必要，反思本身也构成了价值论研究的重要组成部分。本辑，我们有幸邀请了北京市哲学会会长、北京大学哲学系教授杨学功撰写了以下论文。

【摘　要】 本文按照时间线索，梳理当代中国价值哲学研究的历史进程，并揭示其前后嬗变的内在逻辑。如果把民国时期张东荪先生所著《价值哲学》看作近代中国价值哲学研究孕育期的代表作，当代中国价值哲学研究则可大致分为 20 世纪 80 年代兴起、20 世纪 90 年代深化、21 世纪全面繁荣等几个时期。各个时期

---

* 本文以文献为依据，大致按照时间线索梳理和评述当代中国价值哲学研究各个时期的状况。但是考虑到主题的相关性和连续性，又不过分拘泥于时间阶段的划分。从 20 世纪 80 年代起，我就怀着极大的热忱关注和跟踪当代中国价值哲学研究的进展。遗憾的是，这种关注和跟踪截至 20 世纪末，进入 21 世纪以后，由于个人研究兴趣的转移，未能持续下去。本文第四、五部分的评述，参考和借用了江畅教授《中国当代价值论检视》（"中国价值哲学研究会 2019 年会"论文）的部分资料。特此说明，并向江畅教授致谢。虽然如此，毕竟疏离 10 多年了，遗珠之憾在所难免，责任自负，唯赖后续增补，并祈识者谅察。

** 杨学功，北京大学哲学教授、博士生导师，主要研究方向为马克思主义哲学原生形态、历史唯物主义与当代社会理论研究。

的价值哲学研究具有不同的历史特点,同时又具有内在的逻辑联系。梳理和总结当代中国价值哲学研究的历史逻辑,无论对于当代中国价值哲学学术史的建构和书写,还是对于价值哲学研究的进一步发展,都是有意义的。

【关键词】 价值哲学;当代中国;历史逻辑

一

价值是人类社会生活中的重要现象,是人类生存发展实践中一个普遍的、基本的内容。正因为此,人类从很早的古代起,就开始了对价值问题的思考。"价值现象是人类生活中的普遍现象,价值问题是人类与生俱来的一个基本问题。从人类开始意识到自己生产和生活中的效益问题时起,价值问题就进入了人类思考的范围。"① 由于哲学是人类最古老的学问形态,所以在古代哲学中就已经包含了关于善、美和人世生活最佳状态的思考,但并没有形成相对独立的价值哲学。到了18世纪,休谟和康德先后提出了事实判断与价值判断、实然世界与应然世界、事物的因果性与人的目的性的区分。这种区分后来多用"事实与价值"来表示,这就在实际上确立和推广了哲学上的价值概念。这一推广首先在美学中得到反响,18世纪中后期,德国美学家鲍姆加登(Alexander Gottlieb Baumgarten,1714—1762)把美学界定为"关于审美价值的科学",标志着美学从规范研究进入元理论层次。一般认为,这是美学正式诞生的标志。德国哲学家洛采(Hermann Lotze,1817—1881)根据康德关于事实判断与价值判断的区分,进一步提出要把价值和评价置于哲学研究的中心地位。他的学生文德尔班(Wilhelm Windelband,1848—1915)等人为了实现这一构想,曾试图构造一种普遍的"价值哲学"。20世纪初,英国哲学家摩尔(George Edward Moore,1873—1958)以其价值直觉主义观点和提倡对"善"的语言分析而开创了元伦理学的研究。这是西方价值哲学形成的大致背景和线索。

---

① 李德顺:《价值学》,《价值学大词典》,中国人民大学出版社,1995,第1页。

与价值哲学或哲学价值论形成的时间大致相当，作为一门综合性学科的"价值学"（Axiology）也在酝酿之中。这是因为，当近代各门具体科学从哲学中独立出来并获得迅速发展之后，有关善、美和最佳生活状态的思考也先后形成了各种专门的学科，如伦理学、美学、经济学、社会学、政治学、法学、文艺学、宗教学等等。其中，伦理学和美学仍属于哲学的分支学科，虽然它们所探讨的善和美的问题对其他人文社会科学具有一定的普遍性与指导意义，但是在很长时间里，它们都主要是在各自的领域内致力于具体规范的研究，并未形成彼此间共同的基本概念和理论，即具有普遍意义的价值学。然而，由于这些学科所研究的是一个有共同本质和特征的问题，从它们的内在联系和发展趋势上看，存在相互综合的可能，同时也有从一般理论思维层次上加以抽象和提升的必要。正是在这种背景下，价值学在20世纪初正式诞生了。据李德顺先生考证，美国哲学家厄尔本（W. M. Urban，又译"乌尔班"）在1909年发表的《评价：其本性和法则》一书中，正式提出用"价值学"来命名一门与认识论（Epistemology）不同的学科。冯·哈特曼（Eduard von Hartmann）1911年发表的《价值学纲要》一书，则正式把它用作书名。通常认为，这是"价值学"名称出现的最早记录。当时的"价值学"仍然属于一种哲学理论，即哲学价值论。①

　　中国传统文化中蕴涵着博大精深的哲学思想，这些思想就其内容而言主要是伦理政治哲学和人生哲学，广义的价值问题是它思考的中心线索和民族特色。但是由于中国传统的知识分类体系与现代科学分类存在重大差别，因此一般公认，哲学在中国传统文化中并没有形成为一门独立的学科。"中国哲学"作为一门学科，是胡适、冯友兰等人在五四时期及以后借用西方哲学范式建立起来的。例如，冯友兰先生说："哲学本一西洋名词。今欲讲中国哲学史，其主要工作之一，即就中国历史上各种学问中，将其可以西洋哲学名之者，选出而叙述之。"②"所谓中国哲学者，即中国之某种学问或某种学问之某部分之可以西洋所谓哲学名之者也。所谓中国哲学家，即中国某种学者，可以西洋所谓哲学家名之者也。"③冯先生认为，西洋所谓

---

① 李德顺：《价值学》，《价值学大词典》，中国人民大学出版社，1995，第2页。
② 冯友兰：《中国哲学史》上册，中华书局，1961，第1页。
③ 冯友兰：《中国哲学史》上册，中华书局，1961，第8页。

"哲学"，大体包括宇宙论（物理学）、人生论（伦理学）、知识论（方法论）等几个部分。用这样的标准来衡量，中国可称之为"哲学"的东西，大致有先秦子学、魏晋玄学、宋明道学和清人义理之学。① 唐君毅先生也持类似的看法："哲学之名，乃中国昔所未有。然中国所谓道术、玄学、理学、道学、义理之学即哲学。"② 在上述关于哲学的几个组成部分中，冯先生虽然没有使用"价值论"一词，但他所说的"人生论（伦理学）"实际上就是广义的价值论。

中国近代建立起来的学科体系和教育体系，基本上是采借于西方。因此在各门学科创建之初，主要的工作就是翻译和介绍西学。在本文写作过程中，我对这样一个问题发生了兴趣：中国第一本用中文写作《价值哲学》的书出版于何时？作者是谁？为此，我专门到北大图书馆检索，结果发现果然有一本名为《价值哲学》的中文书，是张东荪先生写的，由世界书局出版于1934年（中华民国二十三年），收入张东荪先生主编的"哲学丛书"。鉴于当时哲学学科在中国刚建立起来不久，本书可以说是非常新颖而及时的。图1是该书封面、版权页和目录的复制图片：

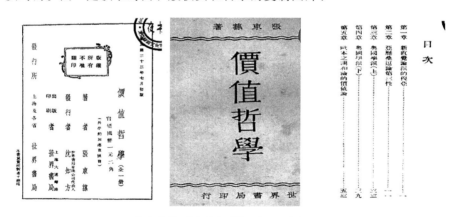

图1　张东荪著《价值哲学》封面、版权页和目录

该书是张东荪先生在燕京大学的讲义，由高铭凯笔记整理而成。从内容来看，它是对当时西方流行的哲学流派和哲学家思想的介绍，而集中于价值哲学方面。其中，第一章为"新直觉论派的穆亚"（G. E. Moore，今

---

① 参见冯友兰《中国哲学史》上册，中华书局，1961，第7页。
② 《哲学概论·自序》，孟氏教育基金会，1961，第1页。

译摩尔）；第二章为"亚历桑逗（S. Alexander，今译亚历山大）论第三性"；第三章和第四章为"奥国学派（上、下）"，介绍了勃兰坦罗（Franz Brentano，今译布伦坦诺）及其弟子迈农（Alexius von Meinong）和哀伦飞尔斯（Christian von Ehrenfels，今译艾伦费尔斯）的思想；第五章为"欧本（W. M. Urban，今译厄尔本，又译乌尔班）之调和论的价值论"。

值得注意的是，张东荪先生在该书序中提出了他对哲学价值论的界定。他说："人类的思想线索是连接不断的。这于哲学史上格外看得明白。古代的人们，思想刚发达的当儿，他们天天生活在自然界之中，眼看得这庞大的宇宙，上有日月星辰，下有鸟兽山川，一忽儿有狂风暴雨，一忽儿又风平浪静，这花花世界真是变化无穷，真是奇怪奥妙极了。于是乎，在他们的心里就发生了一个疑问，说：究竟这宇宙是哪里来的呢？这宇宙间许多东西是什么造成的？造成宇宙间一切东西的原料究竟有几种？为了解答这个问题起见，于是乎，便有古代本体论的争执，有的说宇宙间最初的本体是水，由水变成了一切花样，一切东西。有的说宇宙间的本体是火，'一切东西均来自火而复归于火。'……有的以为本体是'一'，有的却说本体是'多'。各都持之有故，言之成理，闹个不亦乐乎。他们虽然都说得很动听，但是，总不能圆满解决这本体的问题。因是之故，后来便有人对于我们的知识起了怀疑，于是另发出一种疑问，就是说，我们这样的对于宇宙的本体发生了兴趣，我们这样努力去探讨宇宙的本体，结果呢？我们都不能得到圆满的解答。然则，我们有没有希望得到这种探讨的成功？我们的知识靠得住否？我们的知识有没有探讨出宇宙的本体宇宙真实的力量？所以，在未解决宇宙问题之前，我们当先解决知识问题，因为宇宙真实的探讨有赖于知识，假如知识是靠不住的，那末，宇宙真实的探讨也是无用的。自是以后，大家对于知识论便发生了兴趣，凡是属于知识的问题，如知识是什么？知识的来源在哪里？知识与客物的关系如何？知识可靠的成分有多少？不可靠的成分有多少？如何可以得到真确的知识等等，都成为哲学家研究的对象了。然而，一问知识的可靠不可靠，便不啻研究到知识的'妥当'（Geltung）究竟有无了。于是大家对于这个妥当的问题起了怀疑，因此又有一种问题发生，就是：妥当与否是属于价值上的观念，然而价值究竟是甚么。有了这种疑问，对于价值问题又发生了极密切的感情，至是，价值论又成为哲学家研究的对象了。凡关于价值的问题,如价值是什么？价值从何而来？价值是不是实在的东西？何谓真？何谓美？何谓善？世界与人生果有价值否？如何始为有价值之人生等等,便成为哲学家讨论的中心了。古代希腊哲学家,到了苏格拉底,柏拉图,亚里斯多德时对于价值论的问题已经都加以相当的注意了。这种现象不但于古代的哲学史中有之,即于近代的哲学史中也可以找出它的痕迹。近代哲学开始的时候,便有大陆理性主义对于本体论竭力的研究。笛卡儿对于神的确立,和他的二元论的雄辩,斯宾诺莎的泛神论,以及莱布尼兹的单元论都是本体论上绝代的好文章。在他们之后,认识论（即知识论）便继之而兴。洛克,柏开莱（今译贝克莱）,休谟的经验主义开其端；康德的批判主义集其大成；他们都替认识论史上写下了几页贵重的历史记载。到了最近,价值论又几乎好像要取认识论的地位而代之。现代哲学研究的趋向大体是集中于价值论的研究,尤其是以价值论来吸收伦理学。"①

由此可见,张东荪先生不仅把价值论作为继本体论和认识论之后哲学的一个重要理论分支,而且是作为现代哲学发展的趋向来看待的。而他所介绍的哲学流派和哲学家,都是以价值论为标准来选择的,不仅有介绍,也有评论。例如,在介绍摩尔的《伦理学原理》时,张东荪先生认为它"可视为以价值来讲道德的一个代表著述"。紧接着,在概述摩尔的伦理观既不同于目的论,又不同于自然主义的快乐论之后,张东荪先生写道："照穆亚自己的意见,以为'善'是一种单纯的特自的赋性（Simple, unique predicate）。此处所谓'善',即英语 Goodness 的意译,其实应当译作语体的'好'字,更为切当,因为中国文中的'善'字,含有许多道德上的特殊意义,与英语的 Goodness 一词略有出入,而语体的'好'字则无此毛病。"② 又如,该书在评论迈农的贡献时写道："他的贡献就是把价值这个东西变成一个独立研究的学问,反把美学,伦理学等吸收在价值论的研究范围之中,这不能不算是一种大胆的创举。""他不但把价值论变成一个独立研究的学问,而且又建立了一个普遍的价值论,把一切东西都归纳在价值论之中,前举美学,伦理学两门即其一例。这不能不算是于哲学史中开了

---

① 张东荪：《价值哲学》,世界书局,1934,第1—2页。
② 张东荪：《价值哲学》,世界书局,1934,第2页。

一个新的局面，后人的研究多是跟着他这个方法进行的。""他于宇宙之间却能找出价值这个东西来研究，而这个贡献又是不可抹杀的。原是事实的只是事实，并没有什么好不好，有价值没有价值的问题。而价值则存在于关系之中。所谓关系的种类很多，而价值却是一种特殊的关系……天地间的关系种类很多已如上言，但这些关系多是属于事实的关系，此外，尚有一种特殊的关系，那就是价值。"① 这些评论不仅展现了作者对作为研究对象的哲学家思想的了解，而且表达了张东荪先生本人的真知灼见。比如"价值是一种特殊的关系"（即价值本质的"关系说"），后来为李德顺先生和众多学者所主张，至今仍是一种先进的学说。而一些人对价值本质的看法，尚停留在"实体说"和"属性说"的水平。

该书序言还介绍了 10 本当时较有影响的价值哲学书目，兹按时间顺序列举如下。

1. W. M. Urban, *Valuation: Its Nature and Laws*, 1909.

2. M. Picard, *Values Immediate and Contributory*, 1920.

3. R. B. Perry, *General Theory of Value*, 1926.

4. M. E. Clarke, *A Study in the Logic of Value*, 1929.

5. J. Laird, *The Idea of Value*, 1929.

6. H. O. Eaton, *The Austrian Philosophy of Value*, 1930.

7. W. D. Ross, *The Right and the Good*, 1930.

8. N. Hartmann, *Ethics*, 3vols, 1932.

9. H. Osborne, *Foundations of the Philosophy of Value*, 1933.

10. S. Alexander, *Beauty and Other Form of Value*, 1933.

总的来看，张东荪先生的《价值哲学》虽然篇幅不大（全书共 68 页），但它作为中国近代第一部价值哲学著作，具有较高的学术水平，而且与当时国际学术界的相关研究是直接接轨的。可惜的是，由于紧接而来的剧烈历史变动，中国的价值哲学研究刚开始就无法继续下去了。

---

① 张东荪:《价值哲学》，世界书局，1934，第 50—51 页。

二

按照中国历史学界公认的历史分期，中国现代史是指 1949 年以后的历史。因此，对于本文题目而言，以上所述应属前史。1949 年，伴随着新民主主义革命的胜利，建立了共产党执政的新中国，并且很快在 50 年代通过对农业、手工业和工商业的社会主义改造，确立了社会主义基本制度。毫无疑问，这是中国历史上空前的大变革。但是，进入 50 年代后期，由于"以阶级斗争为纲"的"左"的指导思想逐渐占据上风，中国现代化进程偏离了正轨。加之两极对立世界格局的影响，以至于在思想文化领域里，陷入了虚无主义的误区，表现为对传统文化和域外文化都采取简单否定和排斥的态度——中国传统被当作封建主义，而西方思想则被等同于资本主义。在这种情况下，价值哲学就被视为资产阶级哲学的专利而横遭拒斥，20 世纪 30 年代已经开始的价值哲学研究遂告中断。

如前所述，价值本来是人类生活中普遍存在的基本事实，是人类生活的重要维度，但在 1949 年之后的哲学研究中却长期付诸阙如。人们往往把价值问题局限于马克思主义政治经济学的研究范畴，如劳动价值论和剩余价值论。那么，是否应该和能够依据马克思主义经典作家的思想和逻辑，建构马克思主义的哲学价值论呢？关于这个问题，苏联和日本都有学者进行过有益的探索。进入 20 世纪 80 年代中后期，伴随着拨乱反正和思想解放的潮流，中国马克思主义哲学界方才开始进行相关的研究。

从思想背景来看，当代中国价值哲学研究的兴起与改革开放初期的两次大讨论密不可分，这就是关于真理标准问题的讨论和人道主义与异化问题的讨论。虽然这两次讨论的结局不尽相同，但它们都对我国新时期的马克思主义哲学研究产生了重大而深远的影响。前一次讨论及其所蕴涵的理论问题的充分展开，催生并形成了 20 世纪 80 年代的认识论研究热，进而引发了关于"实践唯物主义"的讨论和马克思主义哲学原理教科书体系改革，而价值论研究最初就是在认识论框架内并且遵循实践唯物主义的思路展开的；后一次讨论虽然由于众所周知的原因而被中断，但其所遗留的理论难题成为价值论研究和人学研究兴起的思想酵母，特别是其中所讨论的人的价值问题，至少从一个特定的层面直接促发了 20 世纪 80 年代中后期的价值哲学研究。

这里仅举一例，说明后一场讨论对于当代中国价值哲学研究的意义。众所周知，人道主义与异化问题的讨论是以 1984 年 1 月胡乔木发表《关于人道主义和异化问题》一文而暂时中断的。但是由于讨论中的分歧并没有得到澄清，因而问题依然存在，也不会消失，所以我们将会看到其悠长的历史回声。胡文的核心观点是区分"人道主义"的两个方面含义，即"作为世界观和历史观的人道主义"与"作为伦理原则和道德规范的人道主义"，肯定后者而否定前者。对此，王若水在两年后出版的《为人道主义辩护》（生活·读书·新知三联书店，1986）一书中提出了强有力的质疑。他认为，"人道主义本质上是一种价值观念。价值观念包括伦理道德，但范围要广得多。人道主义也是一种世界观、人生观。但是，人道主义要回答的问题并不是'物质和精神谁是第一性的'，而是'人的价值是不是第一位的'。两个问题属于不同的领域，但都是世界观问题。为什么呢？因为这个世界是有人的世界，不是无人的世界，人并不是站在世界之外'观世界'，他就在世界之中，他在'观世界'的同时也在'观自己'，观察世界和人的关系。同时，他并不仅仅纯客观地解释世界本身是怎样的，他还要站在人的立场（包括阶级的立场）问这个世界好不好，对这个世界作出价值判断"。所以，"'世界观'是应当包括价值观的"。"世界观不能排除价值观，价值观是世界观的一个方面。"① 这不能不说是讨论中的真知灼见，而且与价值哲学研究密切相关。

当代中国价值哲学或当代中国哲学价值论②是从认识论研究中逐渐独立出来的。随着认识论研究中主体性问题的凸显，价值论也就呼之欲出了。正如李德顺先生所揭示的，"在价值问题和主体性问题之间有着高度的内在一致性。这种一致性简单说来就是：在理论上，价值问题是主体性问题的一个最典型的形式，而主体性问题则是价值论研究中的一个关键问题"③。

从相关文献看，杜汝楫在《学术月刊》1980 年第 10 期上发表的《马克

---

① 参见王若水《为人道主义辩护》，生活·读书·新知三联书店，1986，第 242—243、244 页。
② 在本文的语境中，我们是把"当代中国价值哲学"和"当代中国哲学价值论"作为内涵和外延相同的概念来使用的。
③ 李德顺：《价值论——一种主体性的研究》，中国人民大学出版社，1987，第 3 页。

思主义论事实的认识和价值的认识及其联系》一文，是我国价值哲学研究兴起的第一个信号；何祚榕在1981年8月8日《光明日报》上发表文章推介该文，认为它提出了"一个值得研究的问题"，即价值和评价问题。刘奔、李连科在1982年9月18日《光明日报》上发表的《略论真理观和价值观的统一》，对价值哲学研究的兴起产生了重要的推动作用。① 李德顺在《中国社会科学》1985年第3期上发表的《真理与价值的统一是马克思主义的重要原则》则标志着当代中国价值哲学研究正式登上学术舞台。

20世纪80年代到90年代初，是当代中国价值哲学研究兴起的时期。这个时期具有标志性意义的成果，主要体现在以下几个方面。

第一，马克思主义哲学价值论的建构。在这个方面，最具代表性的著作主要有：李连科的《世界的意义——价值论》（人民出版社，1985），李德顺的《价值论——一种主体性的研究》（中国人民大学出版社，1987），王玉樑的《价值哲学》（陕西人民出版社，1989），袁贵仁的《价值学引论》（北京师范大学出版社，1991）。稍加比较即不难发现，这几部著作的书名和内容都不尽相同，因而各具特色。比如，作为当代中国第一部以"价值论"为书名的著作，李连科的《世界的意义——价值论》篇幅不大，论述也比较简略，其主要篇章有："面向世界是为了创造价值（代前言）"、"马克思主义哲学应包含价值观点"、"现代西方价值学选评"、"马克思主义价值观"、"价值与价值评价"、"价值评价与科学认识"、"物质价值"、"精神价值"、"人的价值"、"改革与价值观（结语）"。很显然，本书具有当代中国价值哲学初创时期的特征，它的各个部分之间的逻辑关系不够清晰，有些内容带有正名和呼吁的性质——为价值哲学研究"鸣锣开道"。但其开创之功不可没，影响巨大。比较而言，李德顺的《价值论——一种主体性的研究》，或许与它由作者的博士论文脱胎而来不无关系，则是一部体大思精的著作。该书除导论"价值问题与马克思主义哲学"外，共分为3编12章：第一编"价值的本体论研究"探讨了价值的基础、价值的本质、价值的特性、价值的类型等问题；第二编"价值的认识论研究"论述了价值意识、评价的本质、评价标准、社会评价等问题；第三编"价值与真理的辩证法

---

① 参见李德顺《价值论在中国》，载《立言录——李德顺哲学文选》，黑龙江教育出版社，1998，第194页。

研究"则辨析了价值与真理的实践地位、价值与真理具体的历史的统一，两种截然不同的统一：辩证唯物主义与实用主义等问题，而以"自由"为全书的总结。经过30多年的沉淀和检验，该书得到学界很高的评价，被公认为体现了当代中国价值哲学研究的学术水准。该书鲜明的特点，就是运用主—客体关系的分析框架，着重运用主体分析方法，在真理与价值的比照中全面具体地探讨价值问题。它论证了追求真理和创造价值是人类进步的两大基本原则；规定了价值的特殊本质即它的主体性或主向性；提出了划分价值类型的方法，并具体阐明了各种价值类型的特点；区分了价值与评价，用主体性与客观性统一的观点分析了它们之间的关系；探讨了评价标准与价值标准的关系以及评价科学化、合理化的可能性及其规则；在为各种具体的价值形态提供一般方法论的同时，对真、善、美及其统一的最高形态——自由及其本质进行了科学的揭示。该书后来又出了两个修订增补的版本（中国人民大学出版社，2007年第2版，2013年第3版），并被翻译成英文由Springer出版，它对当代中国价值哲学研究产生了较为深远的影响。

王玉樑的《价值哲学》也包括了比较丰富的内容，除"绪论"外，该书论述了价值哲学发展史、价值的本质、价值的基本规定性、价值的类型、人的价值、价值与实践、价值与认识、价值与历史观、价值与社会生活、价值实现过程、价值目标与价值选择、价值观念的实质与功能、价值观念与改革等诸多问题，但其叙述体系的逻辑关系似乎不很明晰。袁贵仁的《价值学引论》是我国第一部以"价值学"为书名的专著，该书的内容确实体现了多学科综合的特色，如从人学和文化学的角度对价值的本质、价值的创造、价值的认识、价值的实现和价值的作用做了哲学、社会学的探讨，对价值与主客体、价值与需要、价值与事实、价值与文化、价值与实践、价值与评价、价值与真理、价值与代价，以及价值与规范做了逻辑学、语义学的分析；对功利、真善美、自由、人的价值和价值观念等做了人类学、心理学的探索。该书的叙述体系也颇有特色，根据作者在"前言"中的叙述，它贯彻了这样一种基本思路，即"以社会实践为基础，以人的价值活动为中心，在主客体相互关系之中，把握和阐发价值学的种种问题，并最后把整个研究的落脚点放到规范人的活动，促进社会主义现代化建设方面来"。因此，在内容安排或叙述方法上，该书"按照价值学自身的内在逻辑来建构和叙述，力求反映和体现价值运动，亦即人的价值活动的辩证发展过程"。具体而言，该书立足于人的价值活动的辩证发展过程，按照价值的本质、价值的创造、价值的认识、价值的实现、价值的作用来设计篇章结构。

综上可见，当代中国价值哲学兴起时期的几部代表作虽然各具特色，但它们又都是以马克思主义的立场、观点和方法来研究价值问题的，可以说是当代中国学者对马克思主义哲学价值论的自觉建构。总体而言，这几部著作初步建构了当代中国马克思主义哲学价值论的理论体系。从那以后，价值论便成为我国马克思主义哲学研究的一个重要领域和生长点，也是一个持续不衰的研究热点。

第二，中国传统哲学价值论研究。在这个方面，张岱年先生20世纪80年代和90年代曾发表过一些研究中国传统哲学价值观的论文，如《简评中国哲学史上关于人的价值的学说》（载《马克思主义与人》，北京大学出版社，1983)、《中国古典哲学的价值观》(《学术月刊》1985年第7期)、《中国哲学关于人生价值的思想》(《中国哲学史研究》1987年第1期)、《论价值的层次》(《中国社会科学》1990年第3期)、《论价值与价值观》(《中国社会科学院研究生院学报》1992年第6期) 等。而赵馥洁教授的《中国传统哲学价值论》(陕西人民出版社，1991)，则是我国第一部系统研究中国传统哲学价值论的学术专著，具有开创性的意义。据作者在该书后记中介绍："从80年代初以来，我就十分关注国内哲学界关于价值问题的讨论，并把学习和研究的方向，集中到中国传统哲学价值论上。"该书通过导论、价值原理篇、学派取向篇、范畴系列篇，系统论述了中国传统哲学价值论的基本原理、儒墨道法四大家的价值论体系、传统哲学价值论的主要范畴，从价值哲学维度探讨了中国传统哲学的基本特征，建构了中国传统哲学价值论的理论体系。萧萐父教授在为该书所写序中做了如下评价："这部著作从'价值原理'、'学派取向'、'范畴系列'三个方面考察中国传统哲学价值理论，资料丰富，考辨翔实，比较完整地勾画出了中国历史上各种价值观念的理论系统。通过全面考察中国传统的价值理论，馥洁同志认为，对价值问题的思考和建立价值理论系统，是中国历史上各派哲学'终极'的'至上'的目标；传统哲学中的本体论是借'天道'以明'人道'，认识论是借'知行'以说'道德'，辩证法是借'阴阳'以言'治平'，历史观是借'理势'以论'至治'。从而把中国传统哲学的本质特征概括为'自然与人伦合一,知识与道德融合,宇宙法则与治世规范统一,'必然'原理与'应然'判断贯通。这种认识,相比较于把中国哲学的特征表述为'早熟性'、'伦理型'等,似乎更有理论深度,更接近中国哲学整体结构的实际。于此足证,深入考察中国传统的价值理论,确实能深化我们对中国传统哲学特征、本质的认识。"此后,赵馥洁教授又出版了该书的"增订本"(人民出版社,2009),除了修订原书相关内容外,还增补了"价值思维篇",具体论述了中国传统哲学价值思维方式的特征和意义,使该书体系更臻完善。

第三,西方哲学价值论研究。在这个方面,江畅的《现代西方价值理论研究》(陕西师范大学出版社,1992),是国内较早专门研究现代西方价值哲学的专著。该书在导论中简要介绍了古代和近代西方哲学中的价值理论、现代西方哲学中的价值理论和价值概念、现代西方价值理论的兴起和演进、现代西方价值理论涉及的主要问题和基本特征;继而分章评述了新康德主义的价值哲学、迈农的一般价值论、摩尔的价值论直觉主义、舍勒的现象学价值伦理学、芬德莱复兴价值伦理学的努力、逻辑实证主义者对价值客观主义的批判、斯蒂文森的温和情感主义价值论、黑尔的规定主义价值论、培里的价值兴趣说、杜威的认知的自然主义价值论、塞森斯格结合自然主义和非认识主义的尝试等现代西方哲学中与价值哲学相关的流派及其基本观点;最后集中研究了现代西方哲学中价值与事实的分离、现代西方的评价理论、现代西方哲学中的价值判断问题。继民国时期张东荪先生的介绍之后,这是我国当代较早从价值哲学维度研究现代西方哲学的著作,同样具有开拓意义。十年后,江畅又主编了内容更为丰富全面的《现代西方价值哲学》(湖北人民出版社,2003),在前书的基础上增加了现代功利主义、哈贝马斯的现代性交往价值论、罗尔斯的正义论、诺齐克的新保守自由主义、麦金泰尔的德性论、桑德尔的社群主义、后现代主义价值论等内容。另外,张书琛在90年代末出版了《西方价值哲学思想简史》(当代中国出版社,1998)。

当代中国价值哲学初创时期还出版了几部探讨一般价值问题的著作,如杜齐才的《价值与价值观念》(广东人民出版社,1987年),马志政等的《哲学价值论纲要》(杭州大学出版社,1991),王克千的《价值是什么——

价值哲学引论》（中山大学出版社，1992）等。它们都产生了一定影响，限于篇幅不再具体介绍。

除了以上著作之外，学术界还发表了大量论文。据知网检索，1979年1月至1992年12月，各种期刊所发表的篇名中含"价值"的哲学与人文科学类论文就超过3000篇。仅就哲学而言，我们可以说，20世纪80年代到90年代初当代中国价值哲学兴起时期的研究，已经大致奠定了其学术范围，涉及马克思主义哲学、中国哲学、外国哲学等学科，而以马克思主义哲学价值论研究为主；内容则偏重于基本理论研究，如价值的基础、价值的本质、价值的特性、价值的类型、价值与真理的关系等。

三

进入20世纪90年代以后，随着国际上发生苏东剧变和中国改革向市场经济目标迈进，哲学研究的内外部条件都发生了巨大而深刻的变化。为了适应这种变化，20世纪80年代围绕哲学教科书改革的"体系意识"趋于淡化，而"问题意识"日益凸显，最突出的表现就是领域（部门）哲学研究迅速勃兴并得到很大发展。在这样的背景下，当代中国价值哲学研究也进入了一个深化发展的时期，具体可从以下几个方面来看。

第一，价值论基础理论研究日益深入。进入90年代以后，前述各位在马克思主义哲学价值论研究领域有开创之功的学者纷纷推出新著，如李连科的《哲学价值论》（中国人民大学出版社，1991）和《价值哲学引论》（商务印书馆，1999），李德顺的《价值新论》（中国青年出版社，1993），王玉樑的《价值哲学新探》（陕西人民教育出版社，1993）等。这些著作与兴起时期的著作相比，有的扩展了研究范围，有的深化了对某些问题的论述，有的改变了体系结构或写作方式。比如，李连科的《价值哲学引论》增加了价值选择、价值的相对性与绝对性、价值的合理性与非理性等内容；李德顺的《价值新论》虽然采取了比较通俗的写作方式，但它从人类实践活动的视角重新梳理了价值论的理论结构，并且补充了"价值生活实践"和"价值观念"等方面的内容；王玉樑的《价值哲学新探》内容更为丰富，除绪论外，该书包括价值的存在与本质（第一编）、价值活动（第二编）、价值意识与价值观念（第三编）、价值与文化（第四编），共十五章，它试图把当时学术界讨论的所有与价值相关的理论问题都综合在其中。

在价值哲学基础理论研究方面，孙伟平的《事实与价值》（中国社会科学出版社，2000）值得一提。众所周知，休谟在哲学史上是以提出问题而不朽的哲学家，他所提出的"是"与"应该"的关系问题，被称为"休谟问题"，亦即事实与价值的关系问题。"休谟问题"的确切含义是：从以"是"为联系词的事实判断中，能否导出以"应该"为联系词的价值判断？休谟和其他一些受其影响的哲学家和哲学流派，从事实与价值二元对立的观点出发，认为事实和价值分属两个完全不同、互不相关的领域，价值判断决不能从事实判断推导出来，从而形成了事实与价值关系上根深蒂固的"二分法"或"二歧鸿沟"，普遍流行，影响深远。孙伟平的《事实与价值》就是一部以探求和解决"休谟问题"为主旨的专著。该书通过对"休谟问题"详细的历史考察和深入的理论分析，以实践唯物主义为新的研究视角和思路，从事实与价值、认知与评价的内在关联入手，系统地探讨了沟通事实与价值的理论和实践途径，给出了解决古老的"休谟问题"的一个新尝试。该书的新贡献是探讨了解决"休谟问题"的实践方式和逻辑方式，并集中研究了价值推理问题，分析和总结了价值推理的类型，结合现代逻辑（评价逻辑、优先逻辑、道义逻辑等）的新近发展，主要针对评价推理和规范推理两种类型，分别探讨了各自的一些推导规则、推理形式和方法，揭示了价值推理与人的行为的关系。该书收入"博士文库"（中国社会科学出版社）出版后，多次印行，产生了较大反响。2016年，又出版了修订本，收入"社科文献学术文库"（社会科学文献出版社）。作者对原书做了全面的修订，对问题进行了再反思，对立场进行了再审视，对观点进行了再提炼，增加了一些新的材料，补充了一些新的论证，对文字进行了增删和润色，对注释和参考文献进行了重新整理。尽管全书的整体框架和基本思想没有实质性变化，但是第九章"解决休谟问题的逻辑方式"的内容和结构都有很大改变。加之前面提到的堪称全面的修订，全书的篇幅也从22.8万字增加到33.6万字，增加了近三分之一，完全可以说是原书的升级版。

第二，评价论研究成果蔚为大观。当代中国价值哲学研究在80年代兴起时期已经将评价论纳入研究范围，如李德顺的《价值论》第二篇"价值的认识论研究"，就用较大篇幅论述了价值意识、评价的本质、评价标准、社会评价等问题。进入90年代以后，评价论成为我国价值哲学研究的热点和重点，出版了一批有相当学术水准的著作。诸如（大致按出版时间顺序）：马俊峰的《评价活动论》（中国人民大学出版社，1994），陈新汉的《评价论导论》（上海社会科学院出版社，1995），冯平的《评价论》（东方出版社，1995），陈新汉的《社会评价论》（上海社会科学院出版社，1997），何萍的《生存与评价》（东方出版社，1998），张理海的《社会评价论》（武汉大学出版社，1999），陈新汉的《民众评价论》（上海人民出版社，2004）、《权威评价论》（上海人民出版社，2006）、《自我评价论》（上海人民出版社，2011）等。这些著作的研究视角、结构和内容、研究重点等互有差异，因而各具特色。比如，马俊峰的《评价活动论》主要从活动论视角研究了评价活动的发生和历史发展、评价的本质和特点、评价活动的类型、评价活动的结构、评价活动的过程、制约评价活动的若干因素、评价的科学化等问题；冯平的《评价论》着重从主体角度探讨了评价主体的心理背景系统、评价的心理运作过程、评价的心理运作机制、评价的社会运作、评价的合理性等问题；何萍的《生存与评价》则从人的生存方式角度研究了作为评价认识本体论基础的偶然性与实践、评价认识的思维基础、作为评价认识形式的评价与规范等问题。综合来看，在评价论研究方面，以陈新汉教授的成果最为全面系统，他的研究事实上构建了一个包括"一总"（《评价论导论》）、"四分"（《社会评价论》《民众评价论》《权威评价论》《自我评价论》）的叙述体系。其中，《评价论导论》较为深入地分析了评价活动中选择评价标准和整合价值信息两个环节；《社会评价论》详细地研究了群体作为评价主体的可能以及社会评价活动的两种现实形式，即权威评价活动和民众评价活动等问题；《民众评价论》研究了民众评价活动何以可能，民众评价活动的四种主要类型（社会舆论、社会谣言、民谣、社会思潮），民众评价活动的权威性等问题；《权威评价论》主要论述了权威评价活动的根据和历史形态，权威评价活动过程中的机制，权威评价活动权威性的机制，权威评价活动中的矛盾和悖论，以及如何提高权威评价活动的科学性等问题；《自我评价论》则阐述了自我评价活动的历史形态，认识、自我认识和自我评价，个体自我评价活动，个体自我评价活动的若干机制，个体自我评价活动中的良心机制，社会自我评价活动等问题。

第三，国外价值哲学研究成果的译介。20 世纪 80 年代初我国价值哲学研究兴起时期，已经有某些国外相关成果被译介过来，其中影响较大的是美国学者宾克莱（Luther J. Binkley）的《理想的冲突——西方社会中变化着的价值理念》（商务印书馆，1983），该书的副题为"西方社会中变化着的价值观念"，内容则是在简要介绍 20 世纪前期相对主义和实用主义对西方社会道德观念影响的基础上，着重评述 20 世纪 70 年代以前对西方世界有较大影响的马克思主义和共产主义、精神分析的人本主义、存在主义、人道主义以及新基督教神学等哲学社会思潮，及其代表人物马克思、弗洛伊德、弗洛姆、克尔凯戈尔、尼采、萨特、巴尔特、蒂利希等人的基本思想和伦理观点，并分析了西方世界各种对立的人生理想之间的冲突，最后介绍了元伦理学和部分西方伦理学家的思想，试图对西方社会人生理想的选择做出回答。该书提出的"价值冲突"概念具有重要意义。但是总的来看，80 年代对国外价值哲学研究成果译介较少。

20 世纪 80 年代末 90 年代初，李德顺主编的"价值论译丛"（中国人民大学出版社，1989—1992），是国内出版的第一套比较系统的价值哲学译著。该译丛主要书目有：《马克思主义中的价值论》（图加林诺夫著，齐友、王霁、安启念译），《价值与评价——现代英美价值论集粹》（R. B. 培里等著，刘继编选），《价值判断》（W. D. 拉蒙特著，马俊峰、王建国、王晓升译），《价值论伦理学——从布伦坦诺到哈特曼》（J. N. 芬德莱著，刘继译），《价值与义务——经验主义伦理学理论的基础》（A. 塞森斯格著，江畅译），《价值哲学》（牧口常三郎著，马俊峰、江畅译），《文化学与价值学导论》（N. 维坦依著，徐志宏译）等，包括英、美、日、苏联和东欧等多国学者的著作。

此后，冯平主编的"现代西方价值哲学经典"（共四卷七册，北京师范大学出版社，2009），更为全面而系统地汇集了西方价值哲学兴起以来 100 多年里著名哲学家的代表作的重要内容。这套书将现代西方价值哲学研究分为以下四种路向：一是先验主义路向，主要代表人物有洛采、尼采、文德尔班、李凯尔特、闵斯特伯格、舍勒、哈特曼等；二是经验主义路向，主要代表人物有杜威、乌尔班、培里、刘易斯、佩佩尔等；三是心灵主义路向，主要代表人物有布伦塔诺、迈农、艾伦菲尔斯、舍勒等；四是语言分析路向，主要代表人物有摩尔、莱尔德、罗斯、石里克、艾耶尔、斯蒂文森、赖欣巴哈、黑尔等。这种分类与按国别分类也有很强的相关性，如可以将经验主义路向（斯蒂文森除外）称为"美国的价值哲学"，将先验主义路向称为"德国的价值哲学"，将语言分析路向（加上斯蒂文森）称为"英国的价值哲学"，将心灵主义路向（不包括舍勒）称为"奥地利的价值哲学"。该书分卷选录了以上四种路向价值哲学最重要的代表作，实可为当代中国价值哲学研究之借鉴。

第四，具体价值问题研究的开拓。20世纪80年代末和90年代以后价值哲学研究深化的重要表现之一，就是开展了对具体价值问题的研究，或者把价值哲学研究成果应用到伦理学、美学、法学等领域，出版了一批有影响的著作，如司马云杰的《文化价值论》（人民出版社，1988），商戈令的《道德价值论》（浙江人民出版社，1988），黄海澄的《艺术价值论》（人民文学出版社，1993），汪信砚的《科学价值论》（广西师范大学出版社，1995），王宏维的《社会价值：统摄与驱动》（人民出版社，1995），胡海波的《正义的追寻——人类发展的理想境界》（东北师范大学出版社，1997），杨曾宪的《审美价值系统》（人民文学出版社，1998），刘进田的《文化哲学导论》（法律出版社，1999），卓泽渊的《法的价值论》（法律出版社，1999），黄凯锋的《价值论视野中的美学》（学林出版社，2001），陈新汉的《审美认识机制论》（华东师范大学出版社，2002）等。

值得注意的是，人生价值问题引起关注。在各种价值问题中，人生价值有其独特性和切身性，也是人们在日常生活中谈论最多的问题，却一直没有系统的专门研究。为此，李德顺主编了一套"人生价值丛书"（河北人民出版社，1996），该丛书包括以下11种：《人与己》（马俊峰著），《生与死》（张志伟、马丽著），《身与心》（张小乔、魏金声著），《权与责》（冯小平著），《爱与恨》（高岩、谭继东著），《善与恶》（孙美堂、黄凯锋著），《美与丑》（黄凯锋著），《苦与乐》（卫东海、李新会著），《智与愚》（徐飞著），《情与理》（龙斌著），《命与力》（张军著）。

此外，李德顺还主编了一部规模宏大的新型类书《价值学大词典》（中国人民大学出版社，1995），该书的编纂队伍聚集了我国哲学价值论和相关学科领域的100多位专家学者。

四

进入 21 世纪以后，苏东剧变的历史后果和中国市场化改革的实践效应进一步显现。适应改革开放和现代化建设的客观需要以及国际上思想文化论争的需要，当代中国价值哲学研究成为一个持续活跃的领域，并且不断深入，进入了全面繁荣的时期。除了在价值哲学基础理论研究方面进一步系统化的成果或梳理价值哲学发展的著作，如李德顺、马俊峰的《价值论原理》（陕西人民出版社，2002），刘永富的《价值哲学的新视野》（中国社会科学出版社，2002），邬焜、李建群的《价值哲学问题研究》（中国社会科学出版社，2002），王玉樑的《当代中国价值哲学》（人民出版社，2004）和《21世纪价值哲学》（人民出版社，2006），周树智主编的《价值哲学发展论》（陕西人民出版社，2009），马俊峰的《马克思主义价值理论研究》（北京师范大学出版社，2012）之外，这一时期的研究重点主要集中在以下几个方面。

第一，价值观念研究成为热点。如前所述，当代中国价值哲学研究是与我国改革开放和现代化建设实践相伴而生的，它在80年代兴起时期和90年代深化时期已经涉及价值观念问题，但大多限于改革与价值观念变革的谈论，论文居多，著作较少。较早出版的从学理上研究价值观的著作有：王克千的《价值之探求——现代西方哲学文化价值观》（黑龙江教育出版社，1989），李从军的《价值体系的历史选择》（人民出版社，1992），李明华的《时代演进与价值选择》（陕西人民出版社，1992），杨国荣的《善的历程——儒家价值体系的历史衍化及其现代转换》①（上海人民出版社，1994），王玉樑的《邓小平的价值观》（陕西人民出版社，1995），李嗣水、刘森林的《现代价值观念的追求》（中国科学技术出版社，1995），郁建兴、朱旭红的《社会主义价值学导论》（浙江人民出版社，1997），袁贵仁、方军的《邓小平价值观研究》（河南人民出版社，1998），胡振平的《市场经济与价值观》

---

① 该书初版于1994年，后副题易名为"儒家价值体系研究"，又连续出版了多个修订增补版，产生了较为广泛的影响。现将主要版本列举如下：上海人民出版社，2006；华东师范大学出版社，2009；中国人民大学出版社，2012；北京师范大学出版社，2018。

（上海社会科学院出版社，1998）、兰久富的《社会转型时期的价值观念》（北京师范大学出版社，1999）。其中，杨国荣的《善的历程》是国内出版的第一部系统论述儒家价值体系的著作，具有比较重要的学术价值。

进入21世纪以后，价值观念及其变革成为价值哲学研究的热点，陆续出版了一批具有重要意义和突破性成果的专著。限于篇幅，这里无法对这些著作的内容做具体介绍，只能尽量全面地收罗相关书目，供有识之士进一步研究参考。主要书目如下（大致按出版时间顺序）：江畅、戴茂堂的《西方价值观念与当代中国》（湖北人民出版社，1997、2002），戴茂堂、江畅的《传统价值观念与当代中国》（湖北人民出版社，2001），赵馥洁的《中华智慧的价值意蕴》（中国政法大学出版社，2002），张书琛的《社会主义市场经济中的社会公正问题》（广东人民出版社，2002），张书琛主编的《体制转轨时期珠江三角洲人的价值观》（人民出版社，2002），袁贵仁、韩震主编的《新世纪中国共产党的价值观》（人民出版社，2003），李德顺的《邓小平人民主体价值观思想研究》（北京出版社，2004），江畅的《走向优雅生存——21世纪中国社会价值选择研究》（中国社会科学出版社，2004），杨国荣的《理性与价值》（上海三联书店，2005），胡玻的《社会理想境界研究》（中国文史出版社，2005），江畅的《幸福与和谐》（人民出版社，2005；第2版，科学出版社，2016），袁贵仁的《价值观的理论与实践》（北京师范大学出版社，2006），赵馥洁的《价值的历程——中国传统价值观的历史演变》（中国社会科学出版社，2006），吴向东的《重构现代性：当代社会主义价值观研究》（北京师范大学出版社，2006），韩震的《社会主义核心价值体系研究》（人民出版社，2007），黄凯锋的《当代中国价值观研究新取向》（学林出版社，2007），孙伟平的《价值差异与社会和谐——全球化与东亚价值观》（湖南师范大学出版社，2008），易小明主编的《文化差异与价值体系》（湘潭大学出版社，2008），马俊峰的《价值论的视野》（武汉大学出版社，2010），刘进田的《人本价值与公共秩序》（中国社会科学出版社，2010），江畅的《比照与融通：当代中西价值哲学比较研究》（湖北人民出版社，2010），李德顺的《走向民主法治——当代中国政治文明的价值体系初探》（法律出版社，2011），袁祖社的《社会理性的生成与培育——中国市民社会的价值理想与实践逻辑》（中国社会科学出版社，2011），马俊峰的

《当代中国社会信任问题研究》（北京师范大学出版社，2012），李德顺的《我们时代的人文精神——当代中国价值哲学的研究及其意义》（北京师范大学出版社，2013），马俊峰的《社会公正与制度创新》（中国人民大学出版社，2013），江畅、戴茂堂、周海春等的《我国主流价值文化及其构建研究》（人民出版社，2013），许春玲、周树智主编的《幸福社会价值论》（社会科学文献出版社，2013），贺来的《有尊严的幸福生活何以可能》（中国社会科学出版社，2013），江畅的《论价值观与价值文化》（科学出版社，2014），袁祖社的《实践与公正——马克思的哲学价值观研究》（中国社会科学出版社，2014），戴茂堂、周海春、江畅等的《我国主流价值文化及其构建调查》（人民出版社，2014），陈新汉、刘冰、邱仁富等的《社会转型期的中国价值论研究》（上海大学出版社，2014），王永昌的《实践观念论》（中国社会科学出版社，2014），周文华的《美国核心价值观建设及启示》（知识产权出版社，2014），徐贵权的《社会主义核心价值体系融入国民教育方法途径研究》（中国社会科学出版社，2015），张曙光等的《价值与秩序的重建》（人民出版社，2016），陈新汉的《核心价值体系论导论》（上海大学出版社，2016），江畅的《论当代中国价值观》（科学出版社，2016），江畅、张媛媛著《中国梦与中国价值》（武汉出版社，2016），戴茂堂的《中国传统价值观念的基本结构与当代建构》（黑龙江教育出版社，2016），文兵等的《当代西方价值理论与价值观念研究》（当代中国出版社，2016），许斗斗的《马克思主义社会建设与社会公平研究》（天津人民出版社，2016），童世骏的《当代中国的精神挑战》（上海人民出版社，2017），江畅的《论当代中国价值文化发展》（科学出版社，2017），江畅、周海春、徐瑾等的《当代中国主流价值文化及其构建》（科学出版社，2017），汪信砚主编的《社会主义核心价值观与当代中国文化软实力研究》（人民出版社版，2018），陈新汉、尹岩的《改革开放中的中国价值论及价值问题研究》（上海大学出版社，2018），童世骏、文军的《我们时代的精神文化生活》（上海人民出版社，2019），马俊峰、马乔恩的《构建人类命运共同体的历史性研究》（人民出版社，2019），阎孟伟的《诚信中国》（江苏人民出版社，2019）等。这些著作的内容涉及中国传统价值观的历史演变和当代转换，西方价值观念对当代中国的影响，以及马克思主义和社会主义价值观等广阔的领域。

值得注意的是，自从中央提出社会主义核心价值体系和社会主义核心价值观之后，相关研究也成为学界的热点，发表的论文和出版的著作不计其数，完全可以用汗牛充栋来形容。其中，韩震的《社会主义核心价值体系研究》（人民出版社，2007），是国内首部系统研究社会主义核心价值体系的专著。该书梳理了社会主义核心价值体系的基本概念，对其提出的时代背景、发展历史、理论根据进行了深入探讨；概述了社会主义核心价值体系的结构，并专题论述了社会主义核心价值体系的灵魂、主题、精髓、基础；阐述了社会主义核心价值体系的建设途径等。其他相关著作还有很多，这里仅列举比较有代表性的三套丛书：一是国家出版基金项目"社会主义核心价值体系研究"丛书（北京师范大学出版社，2012），包括陈新汉等的《社会主义核心价值体系论研究》，江畅的《社会主义核心价值理念研究》，韩震的《社会主义核心价值观凝练研究》，龚群等的《社会主义核心价值体系的重大关系研究》，龚群的《当代中国社会价值观调查研究》，朱汉国等的《当代中国社会思潮研究》等多部著作；二是冯平主编的"当代中国核心价值研究"丛书（复旦大学出版社，2013），主要书目包括《现代社会秩序的道义逻辑：对中国改革价值取向的思考》（汪行福著），《正义伦理与价值秩序：古典实践哲学的思路》（邓安庆著）等，这套书比较富有学理色彩；三是韩震主编的"社会主义核心价值观·关键词"丛书（中国人民大学出版社，2015），它包括由核心价值观12个关键词所构成的12本书。此外，国家新闻出版广播电影电视总局还特批了清华大学的《社会主义核心价值观研究》和北京师范大学的《当代中国价值观研究》两份杂志。

第二，实践价值哲学研究方兴未艾。与价值观念研究成为热点相呼应，实践价值研究也受到普遍重视。这里所说的"实践价值"是指与社会生活各领域，如经济、政治、文化、法律、道德、艺术（审美）、宗教、科学、教育、军事、环境（生态）等相关的具体价值领域。李德顺主编的"实践价值丛书"（云南人民出版社，2003—2005），比较集中地反映了这方面的研究成果。该丛书包括以下多种：《新价值论》（李德顺著），《道德价值论》（李德顺、孙伟平著），《文化价值论》（孙美堂著），《生活价值论》（李文阁著），《科学价值论》（费多益著），《审美价值论》（黄凯锋著），《环境价值论》（韩立新著），《军事价值论》（张明仓著）等。

袁贵仁主编的"价值与文化"丛书（北京师范大学出版社，2004），也属于广义的实践价值研究。该丛书自2003年起先后出版了《理性与秩序》（沈湘平著，2003），《制度与秩序》（邹吉忠著，2003），《制度伦理研究论纲》（施惠玲著，2003），《全球化时代的文化认同与国家认同》（韩震著，2013），《全球化时代的认同问题与公民教育研究》（刘丹著，2013）等多部著作。江畅主编的"价值论与伦理学研究"丛书（湖北人民出版社）和更名后的"道德·价值·文化"丛书（科学出版社），其中也有一些属于实践价值研究的著作（书目见前）。此外，还有李建群、周树智主编的《现实价值哲学论》（中国社会科学出版社，2012）等，不再一一列举。

在实践价值哲学方面，规范论研究值得一提。规范是价值观的外化和社会化，是引导人们去创造、追求某种正价值或拒斥、规避某种负价值的指示或指示系统。徐梦秋开拓了规范论研究，在国内学界率先阐发了规范研究的对象、方法、基本问题和理论框架，并把规范论的范式和方法运用于科学规范、技术规范研究，发表了大量论文，在学界产生了较大的影响。他还主编了一套"规范研究文库"（商务印书馆），代表性成果主要有：《规范通论》（徐梦秋著，2011），《科学规范论》（欧阳锋、徐梦秋著，2012），《规范演化论》（吴洲著，2018）。

需要特别提到的是王玉樑的《从理论价值哲学到实践价值哲学》（人民出版社，2013），该书区分和研究了当今世界存在的两种价值哲学类型，在深入剖析西方理论价值哲学的困境及其原因的基础上，通过翔实的材料和比较严谨的分析，阐明了实践价值哲学的兴起在价值哲学发展史上的重大意义。这是一部具有方法论反思和研究范式转换意义的著作。

第三，价值哲学方法论和研究范式问题。当代中国价值哲学在20世纪80年代兴起时期和90年代深化时期，还没有明确提出价值哲学方法论和研究范式问题，绝大多数学者都是按照"主体—客体"关系的框架来研究价值问题的，并且通常都把价值理解和界定为"客体对主体的意义"。[1] 进入21世纪以后，孙伟平出版的两部专著引人瞩目，即《价值哲学方法论》（中国社会科学出版社，2008）和《价值论转向——现代哲学的困境与出

---

[1] 也有少数例外，参见赖金良《主客体价值关系模式的方法论特点及其缺陷》，《浙江社会科学》1993年第1期（亦载《新华文摘》1993年第3期）。

路》（安徽人民出版社，2008）。这两部书不仅探讨了价值哲学方法论问题，而且提出了"价值论转向"问题。而韩东屏的《人是元价值——人本价值哲学》（华中科技大学出版社，2013），则提出了一种不同于"主体—客体"关系框架的新的价值哲学研究范式。韩东屏的基本观点发端于他在20年前发表的一篇论文《"价值是人"及其意蕴》（《哲学研究》1993年第11期）。他认为，人是价值之本、价值之源，因而"人是元价值"，这就意谓"人是自决自明之好"。由于"好"是正价值，"坏"是负价值，所以价值就是人赋予对象的好坏意义。"人是元价值"还有一层意谓，即终极价值和价值原则都是以人为目的、以人为中心和以人为根本的，故称"人本价值哲学"。本书的内容分为上中下三篇：上篇论述价值源自元价值即人；中篇论述价值的三种存在形式，即价值之在、价值语言和价值意识；下篇则用较大篇幅讨论了人类实践中的主要价值问题和重大价值问题。可见，该书无论观点、体系和论证方式都是独树一帜的，代表着一种独特的研究范式，但在学界还存在不少争议，有待进一步检验。此外，张军的《存在与价值》（中国社会科学出版社，2004），试图从存在论意义上重新理解价值的本质和存在方式。和什格图（兰久富）的同名著作《存在与价值》（人民出版社，2011），也是一部力图突破"主体—客体"关系研究范式的著作。该书从人的存在出发来理解价值，认为事物的价值是人的存在蕴涵的内在价值映现在事物上显现出来的外在价值，与韩东屏的"人本价值哲学"有相似之处。

现在回头再谈谈孙伟平提出的"价值论转向"问题。他认为哲学应该从"拟科学"走向"拟价值"，是把价值论作为未来哲学发展的趋势来理解的，即认为价值论是现代哲学摆脱困境的出路所在。应该说，这种主张有一定的历史根据。早在西方价值哲学兴起时期，就有一些哲学流派和哲学家把价值问题作为哲学研究的核心问题。例如，洛采主张提高价值论的地位，甚至将它置于逻辑学和形而上学（以及伦理学）之顶端，由此激发了对于价值论（哲学中一门新基础科学）的种种倡议。文德尔班在《哲学史教程》中写道："哲学虽然走过一条极其崎岖不平的弯路，但终于能够回到康德关于普遍有效的价值的基本问题上来……哲学只有作为普遍有效的价值的科学才能继续存在。哲学不能再跻身于特殊科学的活动中（心理学现在还属于特殊科学的范围）。哲学既没有雄心根据自己的观点对特殊科学进行再认识,也没有编纂的兴趣去修补从特殊科学的'普遍成果'中得出的最一般的结构。哲学有自己的领域,有自己关于永恒的、本身有效的那些价值问题,那些价值是一切文化职能和一切特殊生活价值的组织原则。但是哲学描述和阐述这些价值只是为了说明它们的有效性。哲学并不把这些价值当作事实而是当作规范来看待。因此哲学必须把自己的使命当作'立法'来发扬——但这立法之法不是哲学可随意指令之法,而是哲学所发现和理解的理性之法。"[1] 可见,洛采和文德尔班都把价值问题置于哲学的核心地位,并且以此来重新审视哲学的对象、内容、使命和功能,可以说是一场哲学观的革命。但是,这种主张仍然没有得到普遍认同。李德顺在《价值论》(第2版)(中国人民大学出版社,2007)中提出了另一种理解,即把价值论作为与存在论、意识论相并列的三大哲学基础理论分支之一。它不仅仅属于伦理学,而且为包括伦理学和美学在内的一切价值科学奠基。

五

以上简要概述了当代中国价值哲学研究的历史进程,列举了各个时期的代表性成果。从中不难看到,从20世纪80年代兴起,经过90年代的深化,到21世纪的繁荣,当代中国价值哲学研究的重点也发生了相应的变化。这种变化的轨迹可以概括为:价值本质论(狭义的价值论)→评价论→价值观的转换。如果要谈论当代中国价值哲学研究的历史逻辑,我认为这是最重要的。至于所谓"从无到有、从弱到强、从片面到全面"等概括,只及于事情的表象层面,而非内在逻辑。当然,当代中国价值哲学发展的这种内在逻辑,又是与当今时代和当代中国的生活实践密切相关的,离开后者不可能说明前者变化的根据。这就提示我们一个深刻的道理:当代中国价值哲学研究,应该为当代中国价值观念变革提供理论指引,否则就是纸上谈兵,无的放矢,没有任何实践价值。

不过,从另一个角度来看,当代中国价值哲学虽然实现了研究重心的转换,但在基础理论研究方面的发展是不平衡的。如前所述,我国价值哲

---

[1] 文德尔班:《哲学史教程》下卷,罗达仁译,商务印书馆,1993,第861—862、第927页。

学研究主要有三个论域：价值本质论、评价论和价值观。前两个论域都出版了一批有代表性的基础理论研究成果，而价值观尽管一直是研究热点，21世纪以来更是成为众所瞩目的焦点，但大多停留在应用研究层面，至今还没有系统深入的基础理论著作出版。这也在很大程度上制约了价值观研究的有效性，因为一种缺乏基础理论支撑和论证的价值观，是不可能通过简单扩大宣传声势而为人们所普遍认同和信奉的。

学术毕竟有其自身的独立性，所以我们还必须提到，当代中国价值哲学研究的兴起和发展，也是与近40年来开展的一系列学术活动和对外学术交流分不开的。根据李德顺整理和提供的资料，从1986年算起，迄今为止全国性的价值哲学研讨会已经召开了20多次，这里不妨将历届会议的主题和时间列出作为资料备存：第一届，价值与认识研讨会（杭州，1986）；第二届，价值论与价值观念变革研讨会（西安，1987）；第三届，全国价值理论讨论会（西安，1991）；第四届，全国价值哲学学术讨论会（西安，1997）；第五届，评价理论及具体领域的评价问题（北戴河，1999）；第六届，新世纪中的价值观冲突和人文精神（云南玉溪师范学院，2002）；第七届，价值·文化·科技：全国价值哲学暨两岸价值哲学研讨会（上海东华大学，2004）；第八届，社会和谐发展的价值构建（江苏淮阴师范学院，2005）；第九届，价值多元与和谐社会（中国政法大学，2006）；第十届，文化差异与价值体系（湖南吉首大学，2007）；第十一届，对价值哲学的哲学反思（陕西师范大学，2008）；第十二届，核心价值体系与精神家园建设（东北师范大学，2009）；第十三届，变化世界中的价值以及当代生活中的规范和德性（湖北大学，2010）；第十四届，社会主义核心价值与中国社会发展（云南师范大学，2011）；第十五届，社会主义核心价值体系和文化建设（湖州师范学院，2012）；第十六届，社会转型与中国价值哲学的发展（上海大学，2013）；第十七届，核心价值体系·中国梦·中国传统价值观弘扬（华侨大学，2014）；第十八届，多元文化背景下的正义与责任（南开大学，2015）；第十九届，面向世界的当代中国价值观念（武汉大学，2016）；第二十届，人类命运共同体与人类共同价值（浙江大学，2017）；第二十一届，新时代与价值哲学研究（上海大学，2018）；第二十二届，马克思主义价值思想及中国化（华中师范大学，2019）。这些学术活动，在2006年中国价值哲学研究会（中国辩证唯物主义研究会价值论研究专业委员会）成立之前，是由各学术单位发起召开的，时间不固定，有时间隔较长；而在中国价值哲学研究会成立之后，则基本上是以学会年会的形式举办的，每年连续召开，持续不断。历届价值哲学会议主题的变化，也为观察当代中国价值哲学的发展演变提供了一个独特的视角。此外，从20世纪90年代开始，中国价值哲学界还参与了一些重要的国际学术活动，并与国际价值哲学学会（ISVI）等学术机构开展了长期而稳定的学术合作。

多年来，在全国范围内逐渐形成了北京、上海、西安、武汉四大价值哲学研究重镇，并成立了相应的研究机构或学会，其中影响较大的主要有：中国社会科学院价值理论研究室，北京师范大学价值与文化研究中心，中国政法大学法治与文化研究中心，上海大学价值与社会研究中心，陕西省价值哲学学会，西北政法大学文化与价值哲学研究院，湖北大学道德与文明研究中心等。据悉，北京师范大学价值与文化研究中心成立于2000年1月，同年11月被批准为教育部人文社会科学重点研究基地。2004年，以价值与文化研究中心为核心，成立了北京师范大学价值观与民族精神国家哲学社会科学创新基地。中心成立以来，围绕"传承优秀文化传统，探寻先进文化方向，剖析多元价值观念，澄明时代价值理想，追溯民族意识流变，致力民族精神弘扬"的建设目标，开展了大量科学研究、人才培养、社会服务和学术交流工作。10多年来，中心规划和承担了"文化冲突背景下我国应有的主导价值观研究""价值观与文化建设""改革开放以来中国社会价值观变迁历程研究"等近30项重大课题，形成了一批比较重要的学术成果；举办了"变化世界中的价值观"价值哲学国际论坛、"价值哲学与过程哲学"学术研讨会、"东亚价值观"国际学术研讨会等多次重要学术会议。此外，中心还编辑出版了《价值与文化》学术集刊（共六辑，2002—2009年），2015年又创办了《当代中国价值观研究》专业学术刊物（季刊）。目前，该中心已成为中国价值哲学研究尤其是价值观研究的重要基地。上海大学价值与社会研究中心成立于2004年，中心负责人为陈新汉教授，中心的建设目标是对当代中国社会转型中的问题从价值论的视阈进行研究，近期主要是对核心价值体系问题、社会思潮问题、社会认同问题等进行研究。中心获得了学校"211"建设经费的支持，自2006年成立以来，每年都开展相关学术活动。目前，中国价值哲学研究会（现任会长为孙伟平教授）挂靠该中心。2018 年，由上海大学价值与社会研究中心和中国价值哲学研究会共同创办了《价值论研究》学术集刊（半年刊），孙伟平教授和陈新汉教授任主编。陕西省价值哲学学会成立于 1996 年，是全国第一个价值哲学学会，自成立以来组织和开展了一系列全省和全国性的学术活动，对推动价值哲学研究起了促进作用。西北政法大学文化与价值哲学研究院成立于 2015 年，是该校成立的 6 个实体研究院之一。名誉院长为赵馥洁教授，院长为刘进田教授。在长期的教学和科研实践中，西北政法大学马克思主义理论和哲学两个一级学科形成了文化和价值哲学研究的显著特色，在国内外也产生了一定影响，文化与价值研究院就是为强化学科特色、创建一流学科而成立的。该院建设的目标是：坚持以经典马克思主义和中国化马克思主义为指导，致力于文化和价值哲学基础理论研究、马克思主义文化哲学和价值哲学研究、中国传统文化和价值哲学研究、中西文化和价值观比较研究、社会主义核心价值观研究、人类命运共同体和人类共同价值研究，以及法治文化研究等。该院与陕西省价值哲学学会密切合作，汇聚了一批价值哲学研究的骨干力量，使西安成为我国价值哲学研究的又一重镇。2000 年，湖北大学哲学学院与国际价值研究会联合创办了《价值论与伦理学研究》学术集刊（半年刊），迄今已连续出版 10 多年，成为中国价值哲学界与国际价值哲学界交流合作的重要平台。此外，江畅及其团队还策划和出版了"价值论与伦理学研究"丛书（后更名为"道德·价值·文化"丛书），其中一批关于主流价值文化、中国当代价值观建构的著作（参见前述），在学界和社会上都产生了较大的影响。

综上所述，在不到 40 年的时间里，当代中国价值哲学研究应时而生，顺时而变，不断发展，日趋繁荣，有力地支持了中国改革开放和现代化建设事业，特别是促进了与社会转型相适应的价值思维和价值观念变革。对于任何一个亲身参与和见证了当代中国价值哲学研究发展历程的人来说，他都有充分的理由为这种研究所取得的成绩而欢欣鼓舞。祝愿并相信中国价值哲学研究在未来取得更大的成就。

【执行编辑：陈新汉】

社会主义核心价值观研究

Research on Socialist Core Values

关于社会主义核心价值观建设状况的反思[*]

孙伟平　周　丹　伏志强[**]

【摘　要】 社会主义核心价值观的凝练和提出，既是社会主义建设实践发展的必然，也经历了一个认识逐渐深化的过程。自社会主义核心价值观提出以来，无论是理论研究还是实践践行都取得了比较丰硕的成果，产生了良好的政治效应和社会效应；但如果我们立足历史与现实进行认真检讨、深刻反省，也会发现存在一些需要解决的问题和挑战，如理论研究有待深化，如何"内化于心、外化于行"有待实质性推进，在国外传播的方式和认同度不尽如人意等。这些问题需要我们解放思想，实事求是，有针对性地、创造性地加以解决。

【关键词】 社会主义；中国特色社会主义；核心价值体系；核心价值观

---

[*] 本文系国家社科基金高校思政课研究专项"社会主义核心价值观融入大中小学思政课一体化研究"（19VSZ046）的阶段性成果。

[**] 孙伟平，上海大学特聘教授，社会科学学部（筹）主任，马克思主义学院院长，博士生导师，主要研究方向为价值论、智能哲学；周丹，中国社会科学院哲学研究所副研究员，《哲学研究》编辑部副主任，主要研究方向为哲学价值论与历史唯物主义；伏志强，上海大学马克思主义学院博士研究生，主要研究方向为哲学价值论。

社会主义核心价值观是中国特色社会主义的生命之魂，它彰显着"社会主义"的价值维度，表征着当代中国对社会主义本质的认识程度。在新时代背景下，开展社会主义核心价值观研究，遵循核心价值观建设社会主义（包括将社会主义核心价值观融入制度改革、法治建设），是深化关于社会主义本质的认识，实现社会主义的自我价值认同，推动中国特色社会主义健康发展的内在需要。当前，社会主义核心价值观是社会各界共同关注的热点问题，在理论研究和实践践行方面都取得了比较丰硕的成果，但如果我们立足历史与现实进行认真检讨、深刻反省，也会发现存在一些需要解决的问题和挑战。

一 社会主义核心价值观的凝练历程

社会主义核心价值观的凝练和提出，既是社会主义建设实践发展的必然，同时，也经历了一个认识逐渐深化、明确的过程。

改革开放以来，伴随着社会主义初级阶段的主体历史定位，对"以阶级斗争为纲"的左倾路线的拨乱反正，特别是社会主义市场经济体制和"三个有利于"价值标准的逐步确立，社会价值重心发生了从高度政治化、道德化向以经济建设为中心的转移。在这一社会转型过程中，作为马克思主义基本原理与中国社会主义现代化建设实践相结合的产物的"中国特色社会主义价值观"（包括"邓小平理论"、"三个代表"重要思想、科学发展观等）正在逐渐生成。当然，我们也不容回避，改革开放之后，"大门打开"，西方一些落后、腐朽的东西也乘虚而入。由于多方面因素的影响，中国社会价值观出现了许多值得忧虑的现象。例如，有些人信仰缺失、理想空虚、精神颓废、思想迷茫；有些人信奉极端个人主义，社会责任感淡漠，社会公德水平下降；有些人崇尚拜金主义、享乐主义，追求腐化堕落的生活方式；甚至有人直接质疑马克思主义的指导地位，散布"共产主义渺茫论"，认同西方的"普世价值"……传统价值观受到巨大冲击，新生的中国特色社会主义价值观有待进一步确立，社会价值秩序混乱的状况亟待改变。

面对改革开放以来出现的新情况和新问题，邓小平和党中央提出了"两手抓，两手都要硬"的思想。邓小平在不同场合一再强调，要坚持"两手抓"，一手抓改革开放，一手抓打击各种犯罪活动；或者一手抓物质文明，一手抓精神文明①；而且"两手都要硬"。自此以后，中共中央反复强调社会主义精神文明建设的重要性，并成立了精神文明建设指导委员会，对精神文明建设的战略地位、指导思想、根本任务、基本要求等做出了全面的部署。

1982年，党的十二大报告对社会主义精神文明作了全面的论述，从社会主义兴衰成败的历史高度强调了社会主义精神文明建设的重要性。1986年9月，党的十二届六中全会专门通过了《中共中央关于社会主义精神文明建设指导方针的决议》，就社会主义精神文明建设的战略地位、根本任务、基本要求、指导思想等做出全面的部署。1987年10月，党的十三大提出，必须以马克思主义为指导，努力建设精神文明，努力形成有利于现代化建设和改革开放的理论指导、舆论力量、价值观念、文化条件和社会环境，抵制封建主义和资本主义的腐朽思想，振奋起全国各族人民献身于现代化事业的巨大热情和创造精神。1996年10月，党的十四届六中全会讨论并通过了《中共中央关于加强社会主义精神文明建设若干重要问题的决议》，对社会主义精神文明建设的指导思想、奋斗目标、具体要求、投入保障等做出了全面的部署。同时，中央成立了精神文明建设指导委员会，加强统一协调工作。

2006年3月，第十届全国人民政治协商会议提出"八荣八耻"的社会主义荣辱观。10月，党的十六届六中全会通过的《中共中央关于构建社会主义和谐社会若干重大问题的决定》明确提出了社会主义核心价值体系的基本内容，即马克思主义指导思想、中国特色社会主义共同理想、以爱国主义为核心的民族精神和以改革创新为核心的时代精神、社会主义荣辱观。

2007年10月，党的十七大报告首次提出建设社会主义核心价值体系，增强社会主义意识形态的吸引力和凝聚力的要求。2009年9月，十七届四中全会提出建设马克思主义学习型政党的新目标，强调党员干部模范学习

---

① "在集中力量进行经济建设、实行社会主义市场经济和对外开放的条件下，尤其不能忽视精神文明建设。社会主义精神文明是社会主义的重要特征，是社会主义制度优越性的重要表现。"（《中共中央关于加强社会主义精神文明建设若干重要问题的决议》，人民出版社，1996）

践行社会主义核心价值体系，是建设马克思主义学习型政党的重要任务。2011年10月，十七届六中全会通过的《中共中央关于深化文化体制改革推动社会主义文化大发展大繁荣若干重大问题的决定》指出："社会主义核心价值体系是兴国之魂，是社会主义先进文化的精髓，决定着中国特色社会主义发展方向。"此后，来自理论和实践两个方面的呼声表明，有必要提炼、概括出简明扼要、便于传播的社会主义核心价值观。

2012年11月，党的十八大产生了以习近平为总书记的中央领导集体，肩负着全面深化改革、实现中华民族伟大复兴的历史重任。由于我国已进入改革发展的关键时期，经济体制深刻变革，社会结构深刻变动，利益格局深刻调整，思想观念深刻变化，社会思潮更加多元多样多变，各种观念相互交织、碰撞、影响，迫切需要主流价值观念的引领，因而十八大报告明确"倡导富强、民主、文明、和谐，倡导自由、平等、公正、法治，倡导爱国、敬业、诚信、友善，积极培育社会主义核心价值观"①。

2013年12月，中共中央办公厅印发《关于培育和践行社会主义核心价值观的意见》，确认上述12个词、24个字就是社会主义核心价值观，并对如何培育和践行核心价值观提出了具体要求。意见的印发，为培育和践行核心价值观提供了基本遵循。

2014年5月4日，习近平总书记在北京大学师生座谈会上，要求青年学生自觉践行社会主义核心价值观。5月底，习近平在上海考察时对党员领导干部提出要求，"要注意把社会主义核心价值观日常化、具体化、形象化、生活化"。

2015年4月28日，习近平在庆祝"五一"国际劳动节暨表彰全国劳动模范和先进工作者大会上，要求广大职工和劳动者开展以职业道德为重点的"四德"教育，深化"中国梦·劳动美"教育实践活动。

2016年，在建党95周年大会、纪念长征胜利80周年大会以及哲学社会科学工作座谈会等会议上，习近平一再强调，要从巩固马克思主义在意识形态领域的指导地位方面发挥社会主义核心价值观的作用，要求广大知识分子、哲学社会科学工作者自觉践行社会主义核心价值观，做真善美的

---

① 胡锦涛：《坚定不移沿着中国特色社会主义道路前进 为全面建成小康社会而奋斗——在中国共产党第十八次全国代表大会上的报告》，人民出版社，2012，第31页。

追求者和传播者。

2017年10月18日，习近平在党的十九大报告中指出，坚持社会主义核心价值体系是新时代"坚持和发展中国特色社会主义的基本方略"。要"强化教育引导、实践养成、制度保障"，充分发挥社会主义核心价值观的作用，培养担当民族复兴大任的"时代新人"[①]。

2018年3月11日，第十三届全国人民代表大会第一次会议通过《中华人民共和国宪法修正案》，"国家倡导社会主义核心价值观"写入了宪法。社会主义核心价值观获得国家根本大法的确认，彰显了其作为国家意志的崇高地位。5月7日，中共中央印发《社会主义核心价值观融入法治建设立法修法规划》，强调"把社会主义核心价值观融入法律法规的立改废释全过程……全面融入中国特色社会主义法律体系"[②]，这为培育和践行社会主义核心价值观提供了坚实的法律保障。

二 社会主义核心价值观的理论研究状况

自2006年党中央提出社会主义核心价值体系之后，国内理论界、学术界展开了深入研究，尤其是党的十八大以来，成果更加丰硕。根据对中国知网（截至2018年6月1日）相关文献的数据整理发现，以"社会主义核心价值观"为主题词的文献成果信息共有51249条，其中，期刊32572篇，报纸13929篇，硕士、博士学位论文3645篇，会议论文集824本，其他文献279篇。依据国家社科基金项目数据库统计，自2009年以来，以"社会主义核心价值观"为主题的社科基金重大项目6项，重点、一般和青年项目共152项。除此之外，国家社科基金办公室、教育部和其他党政部门、社科院系统、党校系统、行政学院系统、社会主义学院系统、高校系统、军队院校系统等围绕社会主义核心价值观，确立了大量研究项目，组织专家学者

---

① 《决胜全面建成小康社会 夺取新时代中国特色社会主义伟大胜利》，人民出版社，2017，第23页。
② 《社会主义核心价值观融入法治建设立法修法规划》，新华网，http://www.xinhuanet.com/politics/2018-05/07/c_1122796215.htm。

投入进来，取得了一系列颇具影响的优秀成果，将研究不断引向深入。①

（一）基础理论研究状况

社会主义核心价值观的直接的理论基础是价值哲学。国内最早的价值哲学研究始于20世纪30年代张东荪的《价值哲学》，但改革开放之前，价值问题的学理性研究并未受到应有的重视。随着"文化大革命"结束，特别是真理标准问题大讨论的深入，价值理论及价值观研究才逐渐开展起来。

关于价值论基础理论研究。改革开放以来，随着中国理论研究的复苏，特别是随着真理标准大讨论的深入，与实践范畴密切相关的主体、价值、评价等研究进入了人们的视野，一般价值论开始兴起。李连科的《哲学价值论》、李德顺的《价值论》和《新价值论》、袁贵仁的《价值学引论》、马俊峰的《评价活动论》和《价值论的视野》、冯平的《评价论》、陈新汉的《民众评价论》、孙伟平的《价值论转向》《事实与价值》和《价值哲学方法论》、赵馥洁的《中国传统哲学价值论》、江畅主编的《现代西方价值哲学》等，对价值、评价、价值观等问题进行了深入研究，哲学中的一个基础理论分支已经确立起来。一些广泛采用、极具影响力的教科书，如李秀林等主编的《辩证唯物主义历史唯物主义》，肖前等主编的《马克思主义哲学》（上、下册），都及时吸收了价值论研究的最新成果，将"价值与真理"相并列，引人注目地加以讨论。跨入21世纪以来，袁贵仁主编的马克思主义理论研究与建设工程重点教材《马克思主义哲学》，专辟一章系统地讲授价值论；王伟光主持的国家社科基金特别委托项目"新大众哲学"，价值论都是与唯物论、辩证法、认识论、历史观相并列的有机组成部分……在一系列经过权威审定的哲学成果中，价值论作为马克思主义哲学基础理论分支的地位逐步得到了广泛承认和明确首肯。

---

① 例如，一些立项的国家社科基金重大项目，如吴向东主持的"社会主义核心价值观研究"，侯惠勤、韩震、梅荣政分别主持的"用社会主义核心价值体系引领多样化社会思潮研究"，李建华主持的"社会主义核心价值观之构建与践行研究"，江畅主持的"构建我国主流价值文化研究"，冯平主持的"建设社会主义核心价值体系研究——当代中国社会主义核心价值观的建构、阐释与落实"，龚群主持的"建设社会主义核心价值体系的几个重大关系研究"，张传开主持的"建设文化强国背景下的社会主义核心价值体系研究"等，都对深刻阐释和深入研究社会主义核心价值观，积极培育和践行社会主义核心价值观发挥了重要的推动作用。

关于价值观研究。李德顺主编的《实践价值丛书》、袁贵仁的《价值观的理论与实践》、马俊峰的《价值论的视野》、孙伟平主编的《创建"中国价值"——社会主义核心价值体系研究》和《当代中国社会价值观调研报告》、李文阁的《生活价值论》、孙美堂的《文化价值论》、费多益的《科学价值论》、黄凯锋的《审美价值论》、陈章龙的《价值观研究》、晏辉的《现代性语境下的价值与价值观》等,对价值观问题进行了深入研究,在价值观的内涵和结构、价值观与文化的关系、价值观的多元性与统一性、价值观冲突和"普世价值"、社会转型时期的价值观念变革等问题上取得了一定的成果,为探讨核心价值观的概念、核心价值观的形成和演变等奠定了坚实基础。例如,有学者认为,价值观是价值关系应然状态的期盼与展示。社会主义核心价值观应当也必须反映社会主义的本质特征,应当也必须是社会主义社会价值关系应然状态的期盼与展示[①]。不过,在价值哲学领域,关于价值观的研究虽然最受关注,最有"人气",发表的成果很多,但整体水平并不太高,依然是一个薄弱环节。什么是价值观?价值观的结构是怎么样的?价值观是如何形成和变迁的?价值观的形成、变迁是否遵循一定的规律?遵循什么样的规律?……许多基础性问题众说纷纭,莫衷一是,有待进一步反思,有待进行突破性的研究。

关于社会主义价值观研究。马克思主义是一种价值思想,共产主义是人类迄今为止最美好的价值设想。但苏东剧变、国际共产主义运动陷入低潮之后,社会主义价值观受到西方的质疑和挤压,相关的研究在国内日益受到广泛关注。在总结和反思 20 世纪社会主义运动、回应当代世界社会主义运动中出现的"价值热"的需要的过程中,郁建兴提出建立社会主义价值学,认为社会主义价值观问题是现实社会主义运动的一个重要解释范式。从此之后,价值观与社会主义运动相联系的研究逐渐多了起来,出版了郁建兴、朱旭红的《社会主义价值学导论》,马德普的《社会主义基本价值论》,吴向东的《重构现代性——当代社会主义价值观研究》等著作,发表了一大批学术论文。李德顺、孙美堂认为,马克思主义价值论的形成和发展,大体经历了马克思恩格斯的理论奠基、西方马克思主义的价值探索、

---

① 杨耕:《价值、价值观与核心价值观》,《北京师范大学学报》(社会科学版)2015 年第 1 期。

社会主义价值实践与理论总结、中国特色社会主义价值观奠基和当代确立等阶段。马克思恩格斯关于劳动及"两个尺度",关于人的需要和利益,关于政治经济学中的价值问题,以及关于政治、道德、艺术、宗教、审美、社会文化理想的论述,都包含着丰富的价值论思想。列宁关于实践标准、社会主义道德、党性和阶级性等理论,在马克思主义价值论中同样具有经典意义。西方马克思主义流派众多,他们主要继承了马克思主义哲学的批判维度,对资本主义社会的"物化""异化"现象进行了深刻的反思和批判,旗帜鲜明地倡导人本主义、人道主义等思潮。毛泽东的价值观主要体现为人民主体思想和"为人民服务"的价值观,邓小平则重新阐释了利益、富强与社会主义价值诉求的关系。当今中国思想理论界则立足马克思主义本真精神,以社会主义核心价值体系、核心价值观为核心内容,进行了积极的探索。马德普、吴向东等人对社会主义价值观进行了总结,如吴向东依据对价值观的基本结构分析,认为当代中国特色社会主义价值观是由"人的自由全面发展""集体主义""人民功利主义与可持续发展观""社会主义民主与正义""实践理性主义"构成的一个完整的价值体系。类似的概括还有很多,包括"社会主义信念""'三个有利于'标准""爱国主义""人民利益至上""以人为本""共同富裕""效率优先兼顾公平""团结互助"等基本内容。以上研究成果为社会主义核心价值观的凝练提供了富有启迪的理论资源。

(二) 关于社会主义核心价值观本质的研究

关于社会主义核心价值观的内涵。"三个倡导"的基本内容通俗易懂,言简意赅,既吸收了具有普遍性的人类文明的优秀成果,又凸显了中国优秀传统文化的风格和特色,体现了社会主义的本质,也体现了社会主义文化的先进性。学者们立足中央精神[①],从唯物史观、价值论、政治哲学、科学社会主义、现代性思潮、中国传统文化等角度出发,对核心价值

[①] 习近平指出:"富强、民主、文明、和谐是国家层面的价值要求,自由、平等、公正、法治是社会层面的价值要求,爱国、敬业、诚信、友善是公民层面的价值要求。这个概括,实际上回答了我们要建设什么样的国家、建设什么样的社会、培育什么样的公民的重大问题。"(《习近平谈治国理政》,人民出版社,2014,第168—169页。)

观的内涵展开了广泛讨论。有学者指出，必须从概念层次上区分社会主义核心价值观的一般与特殊，明确24个字表述的绝对性和相对性，明确社会主义核心价值观其实是中国特色社会主义核心价值观；同时要区分其"制度建构"作用与"公民行为规范"作用，避免把培育、践行核心价值观简单地归结于公民教育层面①。有学者认为，不应该对"三个层面""12个词"做出相对独立的阐述，应该从整体上把握"三个层面"之间的内在联系②。有学者指出，应该挖掘中国传统思维方式的经验，以"家国一体"的思维方式倡导国家、社会和个人三个层面一体化，以"一多相容"的思维方式坚持一元性与兼容性相结合，以"循序渐进"的思维方式重视青少年核心价值观的养成，以"知行合一"的思维方式强调"培育"和"践行"相统一③。

关于社会主义核心价值观的特征。有学者认为，社会主义核心价值观具有四个基本特征，即理想性、统领性、稳定性、建设性。弘扬社会主义核心价值观能彰显中国的文化软实力，增强思想话语权，实现中国梦的主流价值引领和"四个全面"战略布局、国家治理体系现代化④。有学者认为，社会主义核心价值观应该具有三大基本特性：普遍性、民族性和崇高性。社会主义核心价值观应当关照时代和人民大众的现实需求，必须建立于民族优秀文化传统之上，应该反映社会和人类的长远利益与未来发展方向，具有激励人心和鼓舞人们不断前进的作用，拥有崇高的精神因子。有学者运用马克思主义整体性的思维方法，认为"三个层面"之间是一个逻辑严密的统一整体，应该处理好各要素之间、部分与整体的关系，优化其整体作用机制⑤。

关于社会主义核心价值观与社会主义核心价值体系的关系。学者们基

---

① 刘建军：《"社会主义核心价值观"的三种区分》，《思想理论教育导刊》2015年第2期。
② 杨建义：《社会主义核心价值观"三个层面"是内在整体性探析》，《思想教育研究》2015年第8期。
③ 石书臣、蒋翠婷：《中国传统思维方式对培育和践行社会主义核心价值观的启示》，《道德与文明》2016年第3期。
④ 王永贵：《弘扬社会主义核心价值观的战略定位、精神实质和着力点》，《黑龙江高教研究》2015年第6期。
⑤ 王红：《论社会主义核心价值观的整体性》，《广东社会科学》2018年第3期。

于《关于培育和践行社会主义核心价值观的意见》中的表述[①]，对社会主义核心价值观与核心价值体系的关系作了比较系统的研究。由于时间跨度比较大，学者们的意见很不一样，代表性的观点可以归纳如下。第一，"系统-内核"论。这种观点认为，一个国家、地区的社会价值体系是由内核、层次和边沿等部分构成的价值观系统，其中占据主导地位、具有支配作用的是核心价值体系、核心价值观，核心价值观又是核心价值体系的"内核"。第二，"前提-抽象"论。这种观点不认为核心价值观是核心价值体系的一个部分，倾向于把核心价值体系与核心价值观作为"两个主体"进行"关系研究"，认为前者是后者的基础、前提和必要条件，后者是前者的高度概括和最高抽象。第三，"对象化-具体展开"论。有人一方面将研究导入"哲学基本问题"之中，认为核心价值体系属于物质范畴，核心价值观属于意识范畴，二者之间的关系属于物质与意识、被反映与反映的关系；另一方面，在社会历史领域的基本问题中，核心价值体系与核心价值观同属于社会意识，但不能把二者直接等同起来。第四，"形式-内容"论。核心价值体系和核心价值观是框架与实质、结构与要素、形式与内容的关系，前者决定了后者的意识形态性质和民族形态，后者则反映着前者的价值追求、价值理想、价值取向和价值规范。

（三）国外学者关注和研究社会主义核心价值观

社会主义核心价值观研究不仅是国内研究的热点、焦点，而且也引发了国外学者的一些关注。据《环球时报》报道，许多国外学者认为中国提出的提振国家信心、凝聚社会力量的社会主义核心价值观犹如一场"及时雨"，不仅有利于提升自身文化软实力，也有利于与西方和世界其他地区形成共同价值观。德国学者乌尔里希·阿勒曼认为，中国从一个贫穷的发展中国家一跃成为世界第二大经济体，社会发生巨大变革，中国人在砸碎各种旧观念的同时也面临价值观危机。社会主义核心价值观的提出意义重大，

---

① 中共中央办公厅印发的《关于培育和践行社会主义核心价值观的意见》指出："社会主义核心价值观是社会主义核心价值体系的内核，体现社会主义核心价值体系的根本性质和基本特征，反映社会主义核心价值体系的丰富内涵和实践要求，是社会主义核心价值体系的高度凝练和集中表达。"（《关于培育和践行社会主义核心价值观的意见》，人民出版社，2013，第1页。）

但中国的价值观还在建设、演进、摸索之中。英国学者提姆·霍根认为，"法治""自由"等是英国和中国共同需要的价值观。工业革命时期的英国曾经历所谓"道德沦丧"；中国市场经济条件下的道德状况也令人担忧，而且由于经历了长时期的封建社会，人治思想仍在中国社会中有所体现，需要"法治"予以匡正和规范。

此外，"诚信""敬业""友善"等在市场经济条件下面临巨大冲击，在全球化时代，国内外的人们都有所感受。直面一些新的道德乱象，如排队时插队、随地吐痰、公共场所高声喧哗等不讲公德的现象，国外学者也有一定反响，不时有人抨击当代中国人的道德素质，呼吁中国加强社会公德建设。新西兰亚太文化交流中心主席张培军建议，中国的价值观建设应该从细节做起，改变一些人公德缺失的问题，真正使价值观变成国家综合实力的一部分。

三 各部门积极提炼适合自身的核心价值理念

在社会主义核心价值观建设过程中，中央国家机关、军队等部门积极行动，广泛开展了核心价值理念的总结提炼、培育和形成工作，大都形成了体现时代精神、反映部门特色、符合行业实际的核心价值理念。具体情况见表1。

表1 不同部门的核心价值理念

序号	单位	部门核心价值理念
1	外交部	忠诚、使命、奉献
2	教育部	坚定信念、勤政为民；忠诚教育、情系师生；务实创新、团结协作；重视教育、提高效能；加强修养、清廉公正
3	公安部	忠诚可靠、秉公执法、英勇善战、纪律严明、无私奉献
4	国家安全部	忠诚、进取、精干、慎独、奉献
5	生态环境部	忠于职守、造福人民，科学严谨、求实创新，不畏艰难、无私奉献，团结协作、众志成城
6	住房城乡建设部	坚定理想信念，为民务实清廉，城乡科学发展，建设美好家园
7	交通运输部	人便于行，货畅其流，服务群众，奉献社会

续表

序号	单位	部门核心价值理念
8	水利部	献身、负责、求实
9	审计署	责任、忠诚、清廉、依法、独立、奉献
10	海关总署	爱国、厚德、增信、创新、奉献
11	国家应急管理部	忠于职守，任劳任怨，执法为民，甘于奉献
12	国家统计局	真实可信、科学严谨、创新进取、服务奉献
13	国家知识产权局	公正高效、严谨求实、和谐进取
14	国家旅游局	游客为本，服务至诚
15	国家宗教事务局	尊重、包容、团结、合作
16	国务院港澳办	忠诚、奉献、包容、创新
17	中国科学院	创新科技、服务国家、造福人民
18	中国地震局	开拓创新、求真务实、攻坚克难、坚守奉献
19	中国气象局	准确、及时、创新、奉献
20	中国保险监督管理委员会	为民监管、依法公正、科学审慎、务实高效
21	全国社会保险基金理事会	专业尽责、正直诚信、稳健规范
22	中华全国供销合作总社	为农、诚信、创业、合作
23	中国人民对外友好协会	为国交友，创新发展
24	中国残疾人联合会	人道、廉洁、服务、奉献
25	中国投资有限责任公司	责任、合力、专业、进取
26	中国进出口银行	忠诚奉献，诚信严谨，开放包容，开拓创新
27	中国农业发展银行	至诚服务、有效发展、以人为本、构建和谐
28	中国农业银行	诚信立业，稳健行远
29	中国银行	"追求卓越"和以"诚信、绩效、责任、创新、和谐"为主要内容的核心价值观
30	中国建设银行	诚实、公正、稳健、创造
31	中国中信集团公司	诚信、创新、凝聚、融合、奉献、卓越
32	国家邮政局	诚信、服务、规范、共享
33	当代革命军人	忠诚于党、热爱人民、报效国家、献身使命、崇尚荣誉
34	人民警察	忠诚、为民、公正、奉献、廉洁
35	人民法院	公正、廉洁、为民
36	人民检察院	忠诚、公正、清廉、为民

当然，以上所列举的并不完全，而且，有些部门具有自身特色的核心价值理念还在酝酿、提炼的过程之中，有些部门因为机构改革已经撤并，提炼的核心价值观自然也应该"撤并"了。但无论如何，对于社会主义核心价值观，结合各部门的具体情况和有自身特色的践行，已经成为全社会各行各业的自觉行动。

四 社会主义核心价值观的培育和践行状况

党的十八大以来，以习近平总书记为核心的党中央高度重视社会主义核心价值观建设，中央地方政府、社会各界、普通民众都积极参与到培育和践行社会主义核心价值观的实践中来，产生了良好的政治效应和社会效应。

（一）社会主义核心价值观的理论宣传

社会主义核心价值观自提出以来，一直是理论研究、宣传的热点和重点，也取得了比较丰硕的成果。例如，《人民日报》发表的系列评论员文章"五论如何培养和践行社会主义核心价值观""五论弘扬社会主义核心价值观""三论着力培养和践行社会主义核心价值观"等，权威、及时、有效地引领社会思潮，传播了社会正能量。《光明日报》组织专家学者对核心价值观的理论内涵、思想功能以及如何培养和践行等问题进行深入探讨，取得了广泛共识。《求是》发表的"社会主义核心价值观"主题文章，既有权威解读，又有笔谈共论，理论面对面、思想硬碰硬，社会反响良好。相关的主题出版图书如雨后春笋般涌现，既有学术专著，也有宣传读物；既有面向社会大众的，也有面向特定群体和职业、各年龄层的；既有国内的，也有国际的；种类繁多、内容丰富。如人民出版社出版的《关于培育和践行社会主义核心价值观的意见》《青年要自觉践行社会主义核心价值观》《培育和践行社会主义核心价值观》（读本和辅导书籍）等，都产生了较大反响。

作为主流媒体的代表，中央电视台以节目为载体，通过各种形式加强核心价值观的宣传力度。《新闻联播》《新闻直播间》等重点新闻栏目推出

"践行社会主义核心价值观"系列报道,深入报道先进事迹,有力塑造了践行核心价值观的人物群像。"读书""弘扬孝道""文明中国人"等公益广告主题多样、风格各异,多角度诠释核心价值观,深受观众喜爱。尤其是《感动中国》栏目,自2002年至今已举办的15届节目中,有167个个人或团体荣获感动中国年度人物,通过数据分析排名,爱岗敬业(38次)、关爱弱势(33次)、牺牲奉献(26次)、辉煌成就(26次)、集体主义(22次)排在前五名,他们鲜明体现了国家所倡导的核心价值观。[1] 央视网推出系列微访谈,邀请政府官员、专家学者、先进个人等,通过央视网、新浪、腾讯等微博平台,与网友分享对核心价值观的理解,以及践行核心价值观的感人故事。

(二) 社会主义核心价值观的践行路径

核心价值观践行的途径很多,主要包括自觉认同和教育认同。从实践机制上看,主要观点包括:建立健全社会机制,包括社会教育机制、舆论引导机制、制度保障机制、社会奖惩机制、政策法规调控机制、利益调节机制、道德约束和法律约束机制;建立健全心理机制,包括利益导向机制、思想道德导向机制和激励机制。除了健全机制外,改善民生和转变党风、政风是核心价值观获得认同的基础性条件。

学者们还总结和概括了一些具体路径。一是"理论引导"途径,即坚持以马克思主义为指导思想,用马克思主义引领各种社会思潮,抵制、批判各种错误思潮。二是"信仰内化"途径,即立足文化价值观的角度,将核心价值观融入普遍文化、多元文化和个体文化,在中国特色社会主义实践中不断加以完善和发展[2]。三是"日常生活"途径。有学者指出,社会主义核心价值观源于日常生活,要使其引领、指导并提升人们的生活。具体路径是明确出发点、探索契合点、寻找共鸣点、找准关键点、定位支撑点"五个融入点",推进社会主义核心价值观融入日常生活要讲究方法,分别

---

[1] 刘勇、冉含笑:《主流媒体与社会主义核心价值观的建构——对中央电视台〈感动中国〉的分析》,《中国编辑》2018年第3期。
[2] 孙代尧、黄斐:《价值文化构建逻辑与社会主义核心价值观的建构》,《中国人民大学学报》2015年第6期。

要求①。四是"传统价值观涵养"路径。有学者指出,传统价值观是当代中国价值观的"根基",核心价值观是当代中国价值观的"本体",要以价值"根基"涵养价值"本体"。完成这项涵养任务,必须系统建构传统价值观涵养核心价值观的内容体系、方法体系和社会支撑体系②。五是"系统推进"途径。有学者认为,核心价值观在群体中的有效内化,需要依托系统思维,在寻找动力源泉、加大调节力度、推行渗透方式、探究实践途径、打造承载平台等方面建构核心价值观的内化机制,有效推动内化的效果和深度③。

此外,有学者将习近平在上海考察时提出的"把社会主义核心价值观日常化、具体化、形象化、生活化"概括为"四化"问题,认为核心价值观教育日常化应注重平时,不断重复,建构长效机制;具体化应落细、落小、落实;形象化应注重语言通俗化、载体具象化,注重发挥榜样的示范作用;生活化应与百姓生活深度融合,使核心价值观融入百姓血脉之中,外化为老百姓的生活方式。④

(三) 不同主体的践行活动

社会主义核心价值观的培育和践行是一项凝魂聚气的基础性工程,不仅关系民族、国家的前途,而且与每个行业、每个群体以及每一个人都息息相关。因此,核心价值观的培育和践行需要最大限度地调动不同主体的参与热情,培植营养沃土。深度挖掘不同主体培育和践行过程中的典型案例,引导社会成员接受和认同,有助于让"理论掌握群众",使之变成"物质力量"。

第一,党员干部群体。"坚定理想信念,坚守共产党人精神追求,始终是共产党人安身立命的根本。"⑤ 广大党员干部是践行核心价值观的"排头

---

① 柳礼泉、陈方芳:《社会主义核心价值观融入日常生活的机制和着力点探析》,《社会主义核心价值观研究》2016年第5期。
② 陈秉公:《传统价值观涵养社会主义核心价值观若干理论问题研究》,《理论探讨》2016年第4期。
③ 廖启云:《社会主义核心价值观内化机制的系统构建》,《系统科学学报》2018年第3期。
④ 辛世俊:《培育和践行社会主义核心价值观的"四化"问题》,《学习论坛》2015年第3期。
⑤ 《习近平总书记系列重要讲话读本》,学习出版社、人民出版社,2014,第159页。

兵"。只有广大党员干部以身作则，切实带头践行主流价值观，才能在广大民众中产生实际影响，让民众"从心底里接受主流价值文化"①。各级党校、行政学院和干部学院通过中心组学习、教育培训、专题研讨等多种方式，深入开展了习近平新时代中国特色社会主义理论学习，在思想上解决"为了谁、依靠谁、我是谁"等问题，引导党员领导干部全心全意为人民服务；新发展党员重视"思想上入党"，新录用公务员、新提任领导干部都必须把党性教育作为第一课，倡导党员每年在入党纪念日过一次"政治生日"。有学者建议，可以结合"三严三实"教育实践活动，严格执行"八项规定"，将核心价值观的践行纳入个人和地方的发展考核体系②。

第二，青年学生群体。有学者通过百度指数网络大数据平台调查发现，对社会主义核心价值观的关注度，2014年呈现突破性增长，2015年达到最高点，关注人群中，20—49岁的中青年占到94%，是中坚力量③。2014年10月17日，教育部党组、共青团中央联合印发了《关于在各级各类学校推动培育和践行社会主义核心价值观长效机制建设的意见》，要求务必将核心价值观融入教育教学和管理服务各环节。一是融入教育教学，形成各级学校有机衔接的课程教材和教育教学体系。二是融入社会实践，形成政府、学校、企业、社会共同参与的实践育人模式。三是融入文化育人，形成涵养优秀传统文化和校园文化品牌的培育机制。四是融入制度建设，形成体现核心价值观的系列制度安排。五是融入研究传播，形成学校培育和践行核心价值观宣传工作机制。

第三，社会民众群体。社会是一个人群共同体概念，"社会群体就是若干个人在共同活动基础上持续地进行相互作用的有机结合体"④。社会群体是核心价值观的践行主体，使核心价值观获得社会群体的广泛认同、自觉践行具有基础性意义。2014年3月28日，中宣部、中央文明办、国家网信办、工信部、国家工商总局、新闻出版广电总局召开电视电话会议，部署

---

① 参见江畅、戴茂堂、周海春《我国主流价值文化及其构建研究》，人民出版社，2013。
② 孟轲：《论民众认同社会主义核心价值观的外推路径》，《毛泽东邓小平理论研究》2015年第11期。
③ 王永斌：《谁在关注社会主义核心价值观——基于百度指数的大数据分析》，《马克思主义研究》2018年第2期。
④ 陈新汉：《民众评价论》，上海人民出版社，2004，第10页。

深化"讲文明树新风"公益广告宣传，重点做好中华优秀传统文化、雷锋精神、诚实守信、勤劳节俭、孝敬之风、文明旅游、保护环境、法制观念八个主题。例如，在"向雷锋同志学习"活动中，各部门结合自身特点、抓载体设计，在企业开展"学习雷锋敬业奉献"活动，在商场集市开展"学习雷锋诚信经营"活动，在窗口单位开展"学习雷锋优质服务"活动。在行政、工商、执法等部门和窗口单位开展"友善服务"活动，围绕生态文明、美丽中国开展"善待环境"活动。此外，中央电视台等发起的寻找"最美孝心少年"①"最美乡村医生"②"最美乡村教师"③ 等系列活动，通过身边平凡人物的不平凡事迹，使社会主义核心价值观具体化、生活化，深深打动、感染了无数民众，还带动了各系统、地方的"最美系列"活动。有学者进一步建议，从价值认同的外推路径来看，引导广大民众认同社会主义核心价值观，应当进一步以完善教育体系为基础，引导民众行为认同；以融入制度法规为保障，推动民众教化认同；以强化干部垂范为重点，引领民众效仿认同；以倡导互动参与为载体，促进民众体验认同④。

第四，人民军队群体。核心价值观是一支军队具有强大战斗力、能够有效履行使命任务的精神支柱。军队系统在培育和践行社会主义核心价值观方面一直走在前列。原总政治部下发了《关于在全军部队培育和践行社会主义核心价值观的意见》，把核心价值观内容要求编入《党在新形势下的

---

① 2013 年 4 月 18 日，中央电视台启动"寻找最美孝心少年"大型公益活动。来自安徽的黄凤等 11 位少年荣获 2013 年度"最美孝心少年"称号；来自吉林的王丹等 10 位少年荣获 2014 年度"最美孝心少年"称号。这有利于在全社会大力弘扬社会主义核心价值观，讴歌具有时代感的中华民族传统家庭伦理道德，积极营造尊老、爱老、敬老的浓厚氛围，引导少年儿童树立正确的道德观和价值观。

② 2012 年 10 月 22 日，中央电视台启动"寻找最美乡村医生"大型公益活动。来自新疆的居马泰·俄白克等 10 位医生荣获 2013 年度"最美乡村医生"称号；库尔曼别克·苏来曼等 10 位医生荣获 2014 年度"最美乡村医生"称号。活动在 CNTV、新浪、腾讯、搜狐、网易五家门户网站开设官方微博，粉丝总数超过 300 万人，覆盖人数超过 5000 万人。

③ 2011 年 6 月 17 日，由光明日报、北京广播电视台联合举办的大型系列公益活动"寻找最美乡村教师"在北京启动。自 2012 年起，"寻找最美乡村教师"由中央电视台和光明日报社共同主办。石兰松等 10 位教师入选 2011 年度"最美乡村教师"；来自江西的蒋国珍等 10 位教师获得 2012 年度"最美乡村教师"称号；来自新疆的阿力太等 10 位教师以及由 7 位"80 后"乡村教师组成的团体"会泽七子"获得 2013 年度"最美乡村教师"称号；来自海南的曾维奋等 12 位教师获得 2014 年度"最美乡村教师"称号。

④ 孟轲：《论民众认同社会主义核心价值观的外推路径》，《毛泽东邓小平理论研究》2015 年第 11 期。

强军目标》《军人道德法纪》等基本教材；国防大学及时调整学习和培训计划，在所有班次都开设了核心价值观学习专题；原总后勤部、军事科学院等采取领导授课、录像讲座等形式，开展专题辅导；至于军队各基层单位，更是组织了形式多样的专题学习、教育活动；军队新闻媒体则及时跟进，开设了大量的专题专栏，刊发部队培育动态、经验做法和言论评论，将培育和践行核心价值观不断引向深入。有学者提出，有必要吸收那些真实反映广大官兵的生活和精神追求、体现"社会主义核心价值观和当代革命军人核心价值观的内容和信息，形成社会主义核心价值观、当代革命军人核心价值观与大众文化相互融合、共同发展的良好局面，从而为军队思想政治教育创造和谐的文化生态"①。

五　关于社会主义核心价值观建设的若干反思

社会主义核心价值观建设是一个庞大、复杂的社会系统工程，包括许多方面和层次的内容。立足新时代中国特色社会主义实践和中华民族伟大复兴"中国梦"的要求，包括对照传统核心价值观建设的历史经验以及西方资本主义核心价值观建设的状况，我们不难发现，目前核心价值观建设存在多方面、多层次、有待改进的问题。

（一）关于社会主义核心价值观的理论研究有待深化

迄今为止，虽然国家投入了巨大的人力、物力和财力，推动思想理论界深化核心价值观研究，研究成果也确实呈现出"井喷"状，几乎可以用"天文数字"来形容，然而，如果我们细心比照、认真分析，那么会比较遗憾地发现，研究成果的整体水平并不高，大多数成果都在低水平上重复，既缺乏应有的原创性，又缺乏现实的针对性，造成了学术资源和社会资源的巨大浪费。

关于社会主义核心价值观，迄今为止，一些基本问题仍有待强化研究，予以进一步澄清。例如，核心价值观12个词的基本含义，特别是

---

① 李书吾：《顺应大众文化勃兴大势　创新军队思想政治教育》，《军队政工理论研究》2014年第4期。

"富强""文明""自由""公正"等概念的基本含义,仍然众说纷纭,莫衷一是,缺乏比较权威、确定的阐释。我们观察一些相关的著述甚至会发现,有些人是在不加任何界定的情况下使用相关概念的,这导致相关的论题模糊,论证不严谨,学术价值大打折扣,有时甚至还造成了一些误解和混乱。这需要权威部门及时组织攻关,在发挥学术民主、充分研讨的基础上,将核心价值观12个词的基本含义阐释准确,并在全社会取得基本共识。

关于核心价值观三个层面的关系,特别是国家层面和社会层面的核心价值观的关系,仍然需要进一步厘清。毕竟,"国家"与"社会"是相互联系的,其中的分野在哪里不是一个那么想当然的话题。而且,很难说"富强、民主、文明、和谐"不是一个社会追求的价值目标,或者说,"自由、平等、公正、法治"不是一个国家的价值理想。

社会主义核心价值观与中国传统文化的关系,有待进一步论证。中国文化传统主要产生于自给自足的小农经济基础之上,主要是为封建等级、专制制度服务的,它如何能够"化腐朽为神奇",成为核心价值观的营养和资源,如何与全体人民当家作主的社会主义制度相结合,明显需要进行"创造性转化和创新性发展"。然而,目前更多的是简单的"取其精华,去其糟粕",但具体的"创造性转化和创新性发展"明显不够,甚至没有多少人尝试去做细致的创造性的工作。

资本主义核心价值观和社会主义核心价值观都包括了"自由""民主""平等"等概念。很显然,这些基本概念是能简单地"画等号"的。但如果不能简单地"画等号",那么它们之间的本质区别何在?目前缺乏权威的晓畅的说明,特别是缺乏严密的系统的论证。也正因为此,有些人根本不加区分地使用这些概念,从而造成了一些误解和混乱。

此外,还有一些学者认为,由12个词组成的社会主义核心价值观显得阵营过于"庞大"了。有人明确表达了一些不同意见。例如,有学者认为,"公正"与"平等"可以理解为包含关系。在惜墨如金的核心价值观中,有了集"公平""正义"于一身的"公正",是否可以省略"平等"一词?又如,西方资本主义的所谓普世价值——"自由、民主、人权"——流传甚广,显得简洁、易记,我们是否需要进一步提炼社会主义核心价值观中

"核心中的核心",即更加简明、更具针对性、更有战斗性的核心价值理念,以彰显社会主义的本质特征,彰显社会主义相对于资本主义的优越性?显然,这些问题值得进一步讨论、研究。

(二) 社会主义核心价值观如何"内化于心、外化于行"有待实质性推进

核心价值观毕竟是观念形态的东西,如何冲破"理论和实践之间的壁垒",走进人们的现实生活,内化于心、外化于行,需要探索其中的规律。目前在许多部门的培育和践行实践中,比较常见的往往是空洞的号召,"以会议落实会议,以文件落实文件";比较习惯的是自上而下的"灌输",生硬地要求人们思想上认同、生活中践行;至于深入开展理论研究,弄清其中的规律,所做的具体工作则十分有限。我们确实应该下决心,深刻反思多年来的思想政治工作,认真反思其形式单一、效果不彰的教训。

核心价值观的宣传、教育方式有待改进。在社会主义核心价值观的宣传、教育过程中,一些党政部门、学校、企业和社会组织采取了应付姿态,形式主义、表面功夫、"花架子"比较多,至于如何结合不同部门、不同群体、不同人的特点,采取有针对性的、行之有效的方式方法,真正令社会主义核心价值观"入脑""入心",花的心思、下的功夫远远不够。例如,我们在社会调查过程中发现,不少肩负重任的党员领导干部、公职人员,包括负有教化职责的教师、警察、法官等,也记不住核心价值体系四个方面的内容,记不住核心价值观12个词。这显然是绝不应该出现的状况。

在社会各个层面培育和践行核心价值观,需要采取具体而有操作性的方式方法。例如,在全面深化改革的过程中,核心价值观如何更新人们的观念,引导和指导制度的"顶层设计",有待具体地加以落实。在调查中我们发现,在政府架构、决策和管理层面,偏离甚至背离社会主义民主、法治的事件屡见不鲜。又如,核心价值观如何落实到社会工作的各个方面,也需要联系各行各业的实际情况,有针对性地采取措施。

至于如何令社会主义核心价值观真正成为广大人民群众的共同信念、信仰、理想,差距更是明显。也正由于思想上的问题没有真正解决,因而

人们的具体的思想和行为，往往会偏离核心价值观的具体要求。例如，在转型时期的当今中国，存在比较严重的信仰缺失、行为失范，甚至突破道德底线的现象，以至于"老人摔倒了无人扶""救命索要救命钱"之类事例屡见不鲜，令人心寒。如果连基础性的道德或价值问题都不能有效解决，核心价值观的感召力、影响力就可能大打折扣。

（三） 社会主义核心价值观在国外传播的方式和认同度不尽如人意

近年来，随着中国经济上的成功和快速崛起，中国正在实施文化"走出去"战略，"中国经验""中国道路""中国模式"在世界上的影响日益增大，中国文化、中国价值观、中国理论在世界上的认同不断增强，"文化软实力"不断提升，这一切都为核心价值观"走出去"奠定了基础，创造了有利条件。然而，在全球化、信息化、智能化时代，在"西强我弱"的国际格局中，由于文化与意识形态不同等原因，社会主义核心价值观的对外传播仍然面临严峻挑战，传播范围和认同度远远不如人意。

从理论研究层面看，核心价值观提出的时间不长，属于"新生事物"，我们对核心价值观传播的内在规律把握不够；"民主、自由、平等、公正、法治"等既是社会主义核心价值观，又是西方声称的"普世价值"，但它们在社会主义和资本主义理论体系中的实质内涵需要进一步甄别、澄清；为什么社会主义的"民主、自由、平等、公正、法治"比西方资本主义的"民主、自由、平等、公正、法治"更为先进、更具优越性，至少在一些国外人士看来，还没有真正讲清楚，论证比较单薄、粗糙，尚不能令人信服；许多人确实对中国改革开放以来所取得的成功表示钦佩，对中国的文化底蕴、发展理念、发展模式以及深层原因深感兴趣，但是，有些人不愿意承认社会主义核心价值观与中国经济成功之间的内在关联，甚至将中国的成功归功于引进、模仿西方的价值观念和发展模式的结果。如果理论上的系统建构和严谨论证不完成，也就很难彰显社会主义核心价值观的影响力，很难说彻底打败了西方的"自由、民主、人权"，实质性地占领了道义上的制高点。

从实践层面看，核心价值观的传播目前面临比较严峻的"国际话语屏障"。核心价值观有效传播的关键，不仅在于理论上先进，也不仅在于观念的阐释准确，而且还要看相应主体是否掌握了有效的传播工具，是否拥有"话语权"。"话语权"不是一般的权利（right），而是一种特别的精神力量（power）的体现。谁掌握了话语权，谁就能准确表达自我，谁就能及时裁判是非，谁就能有效影响舆论。话语权难以公平地分配，难以随意地"授予"，往往需要凭实力去争取，凭机制加以保障。近代以来，以美国为首的西方资本主义国家依仗其强大的经济实力和发达的媒体技术，操控、垄断了国际话语权，令"民主、自由、人权"等西方观念在国际话语市场非常强势，而社会主义及其核心价值观的国际生存空间则受到严重挤压。

虽然中国在崛起过程中有所觉悟，主动实施了文化"走出去"战略，但一切只是刚刚起步，目前的着力点在于从宏观视角强化中国文化对外传播，而对核心价值观具体如何"走出去"着力不够，针对性不强。核心价值观在国外的传播目前缺乏有效的渠道和手段，办法不多，"走出去"尚处在"低级阶段"，或者只是简单地"送出去"，属于政府买单的政府行为，有时相关部门甚至是完成任务式的、流于形式的"走样子"，效果不彰，正向影响力、认同度远远没有达到预期目标。在西方把持的所谓"国际社会"中，中国被"妖魔化"的问题没有得到彻底扭转，"挨骂"现象依然普遍存在，中国的"文化软实力"和国家形象亟待进一步提升。

总而言之，社会主义核心价值观建设开展的时间不太长，目前存在的问题、面临的挑战很多，有些甚至还比较尖锐、复杂。如何在时代变迁、社会转型的环境中，将社会主义核心价值观落实为全体人民的信念信仰理想，指导中国特色社会主义制度的"顶层设计"、全面深化改革，如何把核心价值观真正融入人民群众的社会生活，变成人民群众的自觉行动，如何讲好"中国故事"，扩大核心价值观在世界上的影响力和认同度等等，都是一些非常基本、极端重要的理论和现实问题，需要我们解放思想，实事求是，有针对性地、创造性地加以解决。

【执行编辑：刘　冰】

新时代培育和践行社会主义核心价值观的三维哲学透视[*]

张永奇[**]

【摘　要】 社会主义核心价值观是新时代中国社会和全体公民价值追求和价值选择的"最大公约数",对其内涵的深刻理解需要坚持整体性视阈,从符号的深度、政治的高度和生活的厚度三重维度来进行哲学透视。唯有如此,才能较为完整、全面、准确地把握它作为一种精神图像、意识形态和道德规范的本质。三者相互关联,相互渗透,缺少了哪一个维度,对社会主义核心价值观本质的把握就不完整,就会在实践中产生偏差。基于以上认识,教育引导、制度规约、实践养成应当在相应的层面重点展开,在不同的领域相互配合,方可发挥其最大价值,对国家治理、社会进步、文化繁荣和人民素养的提高产生引领作用,起到举旗帜、聚民心、育新人、兴文化、展形象的积极作用,成为构建新时代

---

[*]　本文系第 63 批中国博士后科学基金面上一等资助"文化自信野下红色基因的时代价值及其传承路径研究"(2018M631184)的阶段性成果,2018 年陕西省社会科学基金年度项目"文化自信视阈下延安精神的时代价值及其传承路径研究"(2018A02)的阶段性成果,西北大学教学研究与成果培育项目"哲学社会科学与思想政治理论课教育功能协同提升路径研究"(JX17057)的阶段性成果,西北大学 2018 年度"青年学术英才支持计划"的阶段性成果。

[**]　张永奇,西北大学马克思主义学院副教授,主要研究方向为马克思主义与思想政治教育、中国特色社会主义文化理论与实践。

中国精神家园的价值主轴。

【关键词】 整体性；新时代；核心价值观；哲学透视

从整体性视阈来看，社会主义核心价值观的基本内容是一个完整的内在逻辑系统，需要整体性的哲学思考为之阐释清楚 12 个词语、各个要素以及三个层面之间的内在关联和逻辑结构。从符号、政治、生活三重维度对社会主义核心价值观进行哲学透视，有助于对社会主义核心价值观进行整体理解，有助于把社会主义核心价值观的培育和践行真正落到实处，有助于使核心价值观像空气一样无处不在。

一 符号：新时代社会主义核心价值观的精神图像

（一）符号及其哲学本质

在汉语中，"符号"一词，一来表示记号，如：标点符号；有时特指语言符号，如：符号系统。二来表示在数字通信中，数字信息用的不同取值或状态。① 在英文中与"符号"相对应的词是"symbol"，有象征、符号、代号、记号等意思②。可见，从词源学上来讲，中英文当中的"符号"意指记号、信号、代号、象征等。

如果进一步加以勘辨，符号与记号、信号、代号之间的区别是明显的。其根本差异在于就符号一词的本真意义而论，它并不属于如记号、信号、代号等单纯的"物理的存在世界"，而属于人类的"意义世界"。相比而言，符号的"象征"意义更为重要。也就是说，在一切动物种属中都存在"感受器系统"和"效应器系统"对记号、信号、代号等物理现象进行反应。除此之外，在人那里还可发现可称之为"符号系统"的第三系统，这样一种系统存在于另外两个系统之间，是人类所特有的。③ 这一独特系统的存在使"符号"以其"象征意涵"和"意义特性"把人与动物区别开来。由

---

① 《辞海》，上海辞书出版社，1999，第 5323 页。
② 〔英〕霍恩比：《牛津高阶英汉双解词典》，石孝殊等译，商务印书馆，2004，第 1791 页。
③ 〔德〕恩斯特·卡西尔：《人论》，甘阳译，上海译文出版社，2013，第 42 页。

此，人的"功能圈"不仅仅在量上扩展，而且在质上飞跃。这个新的"获得物"使人更好地适应着环境变化，并由此彻底地颠覆了人类"本能式"的生活方式。换句话说，可以把人看成"符号的动物"。这集中体现在人通过运用"符号系统"来构建自身精神世界的"意义图像"，从而使人的生活不再单纯地受"物理宇宙"的管辖，而是处于"符号宇宙"的无限可能性之中。在人自身完善的过程中，"人的符号活动能力"的进展与人的"物理实在"的退却常常成反比。① 人的精神活动及其相应结果是"符号宇宙"的组成部分，也是编织"符号之网"的精密丝线。人们在精神活动中取得的一切进步都使这个"符号之网"更为精巧和牢固。随着"符号之网"的形成和日益严密，人们产生了超越现存的动能，转而以依靠"符号"来对现存世界进行精神构建，从而间接地把握属人世界的本质。这种特质意味着用"符号"来理解人类精神世界的建构过程和结果更为恰当与准确。"符号论"的重要创建者卡西尔认为对于理解包括价值观在内的人类文化生活的多种样态，理性尚不足以对其加以说明，所有这些文化形式都是"符号形式"。他主张我们应该检省"人是理性的动物"这一传统看法，把人定义为"符号的动物"（animal symbolicum）更为恰当。因为这样才能突显人的特性，才能真正理解人凭借"符号"所开创的新路即通向人的精神世界，"通向文化之路"的真实涵蕴。② 卡西尔之所以持有这样的观点就在于他认为动物虽然也具有"实践的想象力和智慧"，但并没有发展出人所独有的"符号化的想象力和智慧"。卡西尔形象地把没有"符号系统"向导的人的生活比喻为柏拉图所说的"洞穴中的囚徒"。这是说人的生活缺乏"符号"的导引就会被限定在生物本能和现实利益的范围内，找不到通向"价值世界"的超越路径。换句话说，"符号化"的过程反映的是一种高级的精神活动，它使人的精神世界逐步走向"具象化""系统化""人文化"。人正是借助"符号"的力量，凭借一套相当复杂的"符号系统"，基于关系思维之上的价值观念等才得以产生。进一步讲，没有"符号系统"，人类就不可能走出"生物存在"的界限，指向价值追求，走向文化世界。

由此可见，"符号"是意义的载体，是精神外化的呈现，是人类所特有

---

① 〔德〕恩斯特·卡西尔：《人论》，甘阳译，上海译文出版社，2013，第43页。
② 〔德〕恩斯特·卡西尔：《人论》，甘阳译，上海译文出版社，2013，第45页。

的一种"意义世界"的表征方式。"符号"使得关系的思想得以确认,是人类追求价值理想,走向文化生活的重要立足点。它所体现的是人的精神本质,"符号化"的过程就是人的精神世界"再建构""再塑形"和"再表达"过程。

(二) 符号视界中的新时代社会主义核心价值观

"符号"属于人的意义世界的一部分,是人类超越现存世界走向精神生活的重要方式。进一步讲,"符号"是"精神图像"的代名词,它所体现的是人的精神本质。"符号化"就是人的精神世界得以建构、定型的过程。在此要看到,"符号"所体现的"精神"与一般意义上的"意识"的范围、大小、功能并不相同。一般来说,意识是"很没力量的",精神是"很有力量的",并且有"完全的力量"。① 这种力量正是人利用"符号系统"构建人的精神世界的集中反映。反过来讲,精神也往往利用"符号"来展示自己。马克思主义十分重视精神作用,在《评普鲁士最近的书报检查令》中,马克思曾指出精神是公民的最高利益。② 就是说在一个公正合理的社会中,公民有权建构、维护、表达自己的精神诉求。

从"符号"视界来看,可以把社会主义核心价值观看成人们通过遴选和加工的"符号系统"即 12 个特定语词对于主体价值生活进行精神抽象和表达所形成的关于价值的总观点、总看法。其中被大多数社会成员认同的价值选项就是核心价值观。这样一种价值观本质上是一种实践精神,它常常由主流社会所认定的理想信念、行为准则、评价标准等构成。它是协调社会关系、塑造个人品质、提升精神境界的动力,对于构建共有精神家园,维护价值安全意义重大。在现实中,忽视通过"符号化"进行精神建构造成价值失利而为他国利用"符号系统"进行价值干预,引发精神错乱的案例比比皆是,其中"颜色革命"是最具代表性的事件。所谓"颜色革命"又称"花朵革命",是 21 世纪初发生在独联体国家和中东、北非地区的以颜色或花朵命名、以非暴力方式进行的政权变更运动的代名词。颜色革命现已在塞尔维亚、格鲁吉亚、乌克兰、吉尔吉斯斯坦、突尼斯等国家接连

---

① 梁漱溟:《东西方文化及其哲学》,商务印书馆,2012,第 60 页。
② 《马克思恩格斯全集》第 1 卷,人民出版社,1995,第 108 页。

上演。在此过程中，颜色革命的幕后推手和组织发动者都煞费苦心地利用了"符号"来改变人们的"精神原型"。如吉尔吉斯斯坦的颜色革命以"郁金香""黄色""柠檬"等为"符号"，突尼斯则以"茉莉花"为"符号"。实质上，"颜色革命"是西方发达国家出于自身利益的需要，通过扶植一些亲西方国家的反对派，通过颜色、花朵等"符号"输出"西方价值"，改变相关国家人民的"精神世界"，以所谓"和平"方式颠覆政权的一种手段。颜色革命的参与者则在国外势力的挑唆下通过运用"颜色""花朵"等"符号"来宣扬抽象的"民主""自由""人权"，使人们对原有的价值观念产生严重怀疑，甚至反转，从而抵制和推翻本国政权。这样一种里外勾结、相互利用，看似文明却用心险恶的运作方式，其结果常常由于外来的"符号系统"干扰本有的"精神家园"而引发水土不服，造成人们间歇性的"精神荒原"继而为所在国带来持续的动乱和经济社会的严重衰退。综而观之，颜色革命是通过有预谋的、有特定指向的"符号系统"向相关国家精神领域发起挑战，现已对非西方国家构成严重威胁。由此可见，运用"符号"进行精神构建，维护价值安全的重要性。

概而言之，符号视界中的社会主义核心价值观是主体通过"符号系统"，采取价值方式以调节利益关系、引导社会发展、制定行为准则来认识、反映、改造和完善世界而形成的一种特殊的精神图像。它通过让人们对善与恶、正当与不正当、应该与不应该进行判别，从而形成一种引导人们生活方式趋向合理性的稳定的"共享性社会精神"。这样一种共享性的社会精神通过"符号化"的表达方式积淀于人们内心深处，成为人们"生存意义"与"行为取向"的价值根据。说到底，从符号视界来看，"社会主义核心价值观是一个民族赖以维系的精神纽带"。[①] 织密社会主义核心价值观这一"符号之网"，在全社会大力弘扬和践行这样一套"符号系统"，使之无处不在、无时不有，符合"中国精神"整体构建的需要。

（三）教育引导是从"符号系统"到"行为准则"培育和践行新时代社会主义核心价值观的精神维度

鲁迅先生在《呐喊·自序》中曾说面对愚弱的国民，第一要素在于改

[①] 《习近平总书记在文艺工作座谈会上的重要讲话学习读本》，学习出版社，2015，第24—25页。

变他们的精神。身处革命战争年代,鲁迅先生把改变国民精神看作激起全民救亡图存行为的第一要务,深刻地说明了丰富人民精神世界在特殊历史时期的重要性。改变精神的过程就是把作为"符号系统"的价值观念转化为内心自觉认同的"行为准则"的过程①。这是任何一种价值观念发挥实际作用的必然要求。"符号"作为一种"意义系统",是对人们精神世界的观念化表达。社会主义核心价值观作为一种特殊"符号系统"构成的"精神图像",要真正发挥作用,必须要实现由"符号系统"向"行为准则"的转化。实现这一目标,教育引导是关键手段。

对于教育引导在改变人们精神世界,进而指导人们实践上的重要性,马克思曾在《黑格尔法哲学批判·导言》中深刻地指出"批判的武器"与"武器的批判"不可等同,"物质力量"最终只能靠"物质力量"来改变。但是,他又辩证地指出作为精神形态的理论如果能够"掌握群众",那么也可由此转化为一种巨大的"物质力量"。他强调彻底的理论是能够说服人[adhominem],并进而能够"掌握群众"的②。从"符号"的角度来看,把社会主义核心价值观这一"精神图像"化为主体自觉的价值追求和高度认同的准则,使其真正"掌握群众",没有扎实的教育引导不可能完成。相关调查数据也说明人们对于通过教育引导来丰富自身精神世界的认同度。在一项关于人生中精神生活最大的受益场域是什么的调查中,63.2%的被调查者选择了家庭,59.7%的被调查者选择了学校,32.2%的被调查者选择了社会。可见,家庭和学校的教育引导是人们精神世界得以确立的两个最重要的策源地。③ 当然,社会风尚的教育引导作用也不容忽视。具体来说,对社会主义核心价值观这一"精神图像"进行教育引导,实现由"符号系统"向"行为准则"的转化需要从三个方面入手。一要加强理论研究、宣传和教育。要建立起各级党委领导、宣传工作部门负责、各类教育机构实施、全社会共同参与的体制机制,不断增强人们对社会主义核心价值观这一"符号系统"的认知和理解。二要发挥榜样的示范作用。要充分发挥榜样的

---

① 准则的真正特质在于"内在性",即人的选择、吸收具有指导人的实践的作用。康德认为:"准则(Maxime)就是意志的主观原则。"详见〔德〕伊曼努尔·康德《道德形而上学原理》,苗力田译,上海人民出版社,2012,第16页,注释[1]。
② 《马克思恩格斯文集》第1卷,人民出版社,2009,第11页。
③ 樊浩等:《中国伦理道德报告》,中国社会科学出版社,2012,第22页。

力量，弘扬真善美，传播正能量，激励人们崇德向善，鼓励全社会明德惟馨，为增强人们对社会主义核心价值观这一"符号系统"的认同凝聚强大的精神力量。三要发挥先进文化的"化人"价值。所有文化产品、文化服务和文化活动都应该积极负载与弘扬社会主义核心价值观这一"符号系统"，引导人们追求正确的人生价值、高尚的道德境界和健康的生活情趣。

概言之，我们要通过教育引导对"外来价值入侵"祛魅，使作为"符号系统"的社会主义核心价值观真正"成为百姓日用而不觉的行为准则"①。

二 政治：新时代社会主义核心价值观的本质属性

（一） 政治及其哲学本质

关于政治的说法，始见于奴隶社会。我国先秦诸子的著作中就有"政治"一词的使用记载。如《尚书·毕命》中有："道洽政治，泽润生民"；《周礼·地官》中则有"掌其政治禁令"。这里的"政治"即有治理国家之意。在当代汉语中，政治一词的第一层含义表达的是政党、社会集团在处理国家生活中阶级内部的关系、阶级之间的关系、民族关系以及国际关系等方面采取的政策和相关活动。第二层含义是指国事得以治理②。在西方，"政治"一词始源于古希腊语的"polis""polity"和"politeria"。在古希腊思想家柏拉图的《理想国》、亚里士多德的《政治学》等著作中，"政治"一词就已使用得非常广泛。在当代英语中，"politics"，一指政治，政治事务（或活动）；二指权术，钩心斗角；三指政治观点、政见、政治信仰；四指政治思想体系，政治局势③。可见，从词义上讲，政治总是与治国理政及其相应的思想体系密切地联系在一起。

马克思主义认为政治是经济的集中表现，是以政治权力为核心展开的各类社会活动、社会关系和社会意识的总和。基于以上基本原理，列宁深

---

① 《习近平总书记在文艺工作座谈会上的重要讲话学习读本》，学习出版社，2015，第25—26页。
② 《辞海》，上海辞书出版社，1999，第4164—4165页。
③ 〔英〕霍恩比：《牛津高阶英汉双解词典》，石孝殊等译，商务印书馆，2004，第1325页。

刻地揭示了政治的阶级本质，他认为："政治就是各阶级之间的斗争。"① 我国学者王浦劬认为政治就是建基于特定的社会经济关系及其相应的利益关系之上，社会公共权力的拥有者运用社会公共权力在确认和保障公民权益过程中形成的特殊社会关系②。俞可平则认为，"政治就是关于重要公共利益的决策和分配活动"③。可见，谈到政治，总是与公共权利的运行机制和与此相关的意识形态密切相关。这种相关性鲜明地体现在政治常常寄托着对特定价值观的追求。这样一些价值观念是"意识形态"最为核心的组成部分。我国儒家学说对政治的理解就以仁、义、礼、智、信"五常"为价值依托。如孟子曰："三代之得天下也以仁，其失天下也以不仁，国之所以废兴存亡者亦然。"④ 这里的"仁"是儒家道德价值观的总要求。孟子的政治思想是说君者的思想行为要符合相应的道德价值观，才能使天下得、国家兴、社稷保。因此，在中国传统文化中所谓政治运行与道德价值常常是连为一体的。这突出地体现在儒家所倡导的修身、齐家、治国、平天下是内在统一的，由此形成独具中国文化特色的"伦理政治"。在西方，较早把政治与某种伦理价值联系在一起的思想家，具有代表性的是古希腊哲学家柏拉图和亚里士多德。柏拉图认为，"正义"是政治的核心议题。在他看来最为理想的政治模式即他所说的"理想国"就是具有智慧、勇敢、节制和正义等美德的城邦。亚里士多德则把政治的内涵扩展为"最高而最广的善"，认为政治的真谛是人们通过相互交往实现的一种道德价值观的结合体。

可见，从现实出发，可以把政治归结为围绕国家政权，通过社会公共权力确认和保障公民权利并实现其利益的一种社会关系以及与此相关的思想观念即意识形态。在阶级社会中，政治鲜明表现为"阶级斗争"以及与此关联的社会意识。

（二）政治视界中的新时代社会主义核心价值观

从以上分析可以看出，政治包括建基于经济结构之上的政治结构及其

---

① 《列宁全集》第39卷，人民出版社，1986，第406页。
② 王浦劬等：《政治学基础》，北京大学出版社，2006，第9页。
③ 俞可平：《政治与政治学》，社会科学文献出版社，2003，第2页。
④ 《孟子·离娄上》。

相应的意识形态,而价值观,特别是核心价值观是意识形态中的关键构成部分。从唯物史观的角度来说,政治的阶级特性使意识形态具有鲜明的阶级性。这是因为对"物质力量"占统治地位的阶级,往往对"精神力量"也占有统治地位。一般来说,统治阶级不但支配着物质生产资料,而且也支配着精神生产资料。而没有"精神生产资料"的人们的思想则不得不隶属于统治阶级。鉴于此,马克思和恩格斯坚决反对把统治阶级的思想和统治阶级相互割裂开来的看法。他们在《德意志意识形态》中指出,在对社会历史的分析和研究中,如果否定统治阶级和统治阶级思想的一致性,片面地把占统治地位的思想独立为一种超越阶级的存在而不考虑这些思想产生的主体和历史条件,就会得出"荣誉""忠诚"等概念在贵族统治时期占统治地位,"自由""平等"等概念则在资产阶级统治时期占统治地位的错误结论①。这种做法很容易造成统治阶级从这些不同的思想中抽象出所谓的"一般思想",并把它们当作历史上占统治地位的东西。这正是唯心主义历史观的主要表现及其产生的主要根源,也是统治阶级试图隐匿意识形态的"阶级性"以所谓"普世价值"来麻痹人民大众的政治立场的秘密所在。

  从政治的视界来看,社会主义核心价值观是我国意识形态的重要成分,是社会文化体系的核心,其阶级性鲜明地体现在它是无产阶级及人民大众的利益诉求和价值寄托。这就决定了政治,更为具体地说,意识形态是社会主义核心价值观的本质属性。如果不从政治的高度和敏感性来突出社会主义核心价值观的重要性,忽视其意识形态面相,就有可能造成价值观不稳固而导致政权更迭、人民利益受损的惨剧。从历史上来看,苏联垮台的历史教训最能说明核心价值观的意识形态属性及其政治功能。20世纪上半叶,国际共产主义运动在东欧取得重要进展,逐渐形成了以苏联为首的社会主义阵营。马克思主义成为苏东社会主义国家意识形态的根本价值内核。这一时期苏东国家在凝聚价值共识、维护意识形态安全方面成效明显。在社会主义价值观的指导下,苏东社会主义国家的人民紧密团结在共产党的领导下,不断增强建设社会主义的信心和决心,有效地抵御了西方资本主义"价值侵略",取得了社会主义建设的伟大成就。然而,在赫鲁晓夫等领

---

① 《马克思恩格斯文集》第1卷,人民出版社,2009,第552页。

导人执政期间，苏联从否定斯大林开始引发了历史虚无主义的盛行，由此导致了社会主义价值观的扭曲和肢解。苏联解体可以从多个层面进行分析，但是反映在意识形态领域内，社会主义价值观的变质和破碎是最重要的原因之一。这集中表现为以"爱国主义"为核心的社会主义价值观倒向以"个人主义"为圭臬的资本主义价值观，最终导致了苏联社会主义政权的垮台。

当前，世界正处于大发展、大变革、大调整的十字路口，各种观念相互碰撞，相互激荡。一些西方国家抓住长期积累的经济优势、科技优势和话语强势，趁机加大对中国推销披着所谓"普世价值"的资本主义价值观，妄想诱导人们"以西为美""唯西是从"，淡化乃至放弃人们对中华民族精神、对社会主义核心价值观的认同和践行。我们应当吸取历史教训，从政治的高度来把握社会主义核心价值观的意识形态属性，坚持价值观培育和践行中的人民主体地位，努力抢占价值观争夺战中的战略制高点。因为如果我们不能有效地坚持和弘扬"社会主义核心价值观"，不加区分、盲目地成为"资本主义核心价值观"的应声虫，那么我们自身的精神独立性就无法保障。如果任其作乱，我们国家和民族的政治、思想、文化、制度等各领域的独立性就会被釜底抽薪。①

（三）制度规约是从"意识形态"到"伦理秩序"培育和践行新时代社会主义核心价值观的政治维度

从政治视界来看，社会主义核心价值观是与当代中国政治密切相关的社会意识，具有鲜明的意识形态属性。使其发挥作用必须实现从"意识形态"到"伦理秩序"②的转变，才能达到协调社会伦理、整饬人际秩序的目

---

① 《习近平关于全面深化改革论述摘编》，中央文献出版社，2014，第 88 页。
② 黑格尔认为道德是主观的，抽象的、形式的法是客观的，只有伦理才是主观与客观的统一。黑格尔这种说法在于表明个人的权利、道德自由均以社会性的、客观的伦理实体为归宿。因此他说，"善和主观意志的这一具体同一以及二者的真理就是伦理"。黑格尔从唯心主义出发，认为法和道德本身是没有现实性的，它们必须以伦理为基础，作为伦理的体现者而存在。他虽未正确提出法、道德、伦理作为上层建筑，都应从经济基础、社会阶级的根源来加以说明，但他深刻地说明了一种"意识形态"只有转化为"伦理秩序"才能真正发挥作用，得以实现自身价值。参见〔德〕黑格尔《法哲学原理》，范扬、张企泰译，商务印书馆，1961，第 161 页。

的，而制度规约是其中的核心环节。之所以如此是由制度本质及其功能所决定的。制度经济学派集大成者道格拉斯·C. 诺思认为制度体现了一个社会的"博弈规"。从规范的意义上讲，制度是人为设计的、形塑人们互动关系的约束。这样一些约束一经产生就界定并限制着人们的"选择集合"，影响着人们相互交往的框架，构造着人们在政治、社会或经济领域里的交换关系。总的来说，在社会发展中，制度的主要作用在于通过提供一种确定的"互动的稳定结构"来减少人际交往的不确定性。① 可见，制度为人们的相互交往和未来预期提供着基本模式。正是在这样一种既定的模式中，人们形成相应的价值观念，并且在制度的约束下强化着对价值观念的认同。发挥各层次制度的导向、规约、保障功能是社会主义核心价值观由"意识形态"化为"伦理秩序"的基本途径。

对照来看，西方国家在倡导、弘扬作为其意识形态的"资本主义核心价值观"的过程中，十分注重运用制度将其落实到社会生活的各个层面，进而有效发挥制度伦理的效应。从现实表现来看，大多数西方国家执政的党派会周期性地更换交替，但是他们所倡导的价值观念能保持一定的稳定性和连续性，其中最重要的一个做法就是用核心价值观统摄其社会制度设计、政策法规制定、司法行政行为等各个方面。我们在培育社会主义核心价值观的过程中，要学习、借鉴西方社会的这一做法，充分发挥制度伦理的作用，特别是要注重把社会主义核心价值观的要求转化为具有刚性约束力的法律规定来推动核心价值观建设。② 总起来说，将作为"意识形态"的社会主义核心价值观制度化为"伦理秩序"需要从三个方面入手。从宏观角度来看，要把社会主义核心价值观作为国家根本制度的伦理价值追求来引导国家生活；从中观角度来看，要把社会主义核心价值观渗透在各类社会管理制度中来规约社会行为；从微观角度来看，要把社会主义核心价值观贯穿于行业规章制度、乡规民约、学生守则等具体制度之中，使之维护人们日常生活中的秩序。

说到底，制度是社会结构的本质体现，制度伦理是社会翮局的主要载

---

① 〔美〕道格拉斯·C. 诺思：《制度、制度变迁与经济绩效》，杭行译，韦森译审，格致出版社、上海三联书店、上海人民出版社，2014，第6页。
② 《习近平关于全面深化改革论述摘编》，中央文献出版社，2014，第89—90页。

体。从宏观到中观再到微观制度入手把作为"意识形态"的社会主义核心价值观化为"伦理秩序",将有效提高培育和践行社会主义核心价值观的水平。

三 生活:新时代社会主义核心价值观的生成基础

(一) 生活及其哲学本质

在汉语中,"生活"一词有四层意思。一指人的各种活动。如:政治生活、文化生活等。二指生存,活着。如《孟子·尽心上》中就有:"民非水火不生活。"《裴子语林》中则说:"阮光禄闻何次道为宰相,叹曰:'我当何处生活?'"三指生涯,生计。如《北史·列传》中载有:"家于密云,蓬室草筵,唯以酒自适。谓友人金城宗舒曰:'我此生活,似胜焦先。'"四指工作、手艺或成品。如:做生活,这生活做的灵巧。① 在英语中与"生活"相对应的词是"live",一指住,居住。二指生存,活着,尤指在某时期活着。三指以某种方式生活,过日子。四指继续存在,留存,铭记。五指享受充实而令人兴奋的生活。② 从词义上来看,生活有生存、活动、留存等意思,表达的主要是人们的日常行为和活动。

在哲学史上,近代以来过分推崇"理性化"的运思方式,忽视了生活作为人的存在方式的重要作用,导致了人与人的生活的严重异化。在这种情景下,一些富有先见的哲学家提出要重视生活本身的价值和生活世界的重要性。其中德国著名哲学家、现象学派的创始人胡塞尔的论述最为深刻。胡塞尔指出最为重要的、值得人们关注的世界是"我们的日常生活世界",它是"通过知觉实际地被给予的、经验到并能被经验到的世界"。③ 然而,在现实中,日常的生活世界却早已经被理性,特别是以"数学的方式构成的理念存有的世界"所取代,这使得人们远离了本该属于自己的生活,造成了人们在认知和精神等方面的严重退化。胡塞尔所说的生活世界并不神

---

① 《辞海》,上海辞书出版社,1999,第4901页。
② 〔英〕霍恩比:《牛津高阶英汉双解词典》,石孝殊等译,商务印书馆,2004,第1023页。
③ 〔德〕埃德蒙德·胡塞尔:《欧洲科学危机和超验现象学》,张庆熊译,上海译文出版社,1988,第58页。

秘，所指的不过是没有被"理性化"所筛选过的，"永远事先给予的，永远事先存在的世界"。① 这样一种世界与"理性化世界"的最大不同在于它的存在不以人的某种意图、主题和某种普遍的目标为前提。相反，这些意图、主题和目标应当以它为前提。进一步讲，即使在科学真理中已经被确证了的"普遍的目标"也应该以生活世界为基础。因为科学的世界对于生活世界及其存在中的人来说，不过是一个"目标构成物区域"，而生活世界则是一个"构成物区域"。在生活世界中，人属于它的先于一切目标的存在，人是有目的的，人的一切创作当然地属于生活世界。胡塞尔认为生活世界的一个显著特点是"主体性的意义构造"，也就是说生活世界的存有意义反映的是主体的构造，是经验的、前科学的生活的成果。只有彻底地追问人的主体性及其生活世界，我们才能理解客观真理和弄清楚世界最终的存有意义。胡塞尔强调，"无论如何，在我之内，在我的先验还原了的纯粹的意识生活领域之内，我所经验到的世界连同他人在内……只是一个交互主体性的世界，是为每个人在此存在着的世界，是每个人都能理解其客观对象（objekten）的世界"②。

一言以蔽之，生活是指以人为中心表现出来的、未被"科学化"遮蔽的人的生存过程。它包括了人们在社会中与自己密切相关的日常活动，实质上反映的是人对人生的真实体验和诠释过程。

（二）生活视界中的新时代社会主义核心价值观

从生活视界来看，社会主义核心价值观是相应价值主体在生活过程中应当遵守的道德规范。这样一种道德规范的思想内容和目标倾向，不是主体生活之外的存在，而是发蕴于主体的生活实践。它是交互主体性的产物，并因此而具有该主体的真实本性和特征。马克思和恩格斯认为，包括道德规范在内的任何一种意识形式不是独立发生和发展的，它常常受制于人们的社会生活。在这里，马克思、恩格斯从精神现象的总体上把道德规范看作一种反映人们生活过程的意识形式，而"意识［das BewuBtsein］在任何

---

① 倪梁康编《胡塞尔选集》下卷，上海三联书店，1997，第1087—1088页。
② 〔德〕埃德蒙德·胡塞尔著，克劳斯·黑尔德编《生活世界现象学》，倪梁康、张廷国译，上海译文出版社，2002，第153页。

时候都只能是被意识到了的存在［bewuBte Sein］，而人们的存在就是他们的现实生活过程"。①

社会主义核心价值观作为一种特定的意识形式即道德规范离不开人们的社会存在这一前提，更离不开人们的社会生活。这是认识社会主义核心价值观生成、培育和践行的基本原理。这样一种道德规范的主体不仅有个人，还有社会和国家。但是从根本上来讲，社会主义核心价值观的弘扬、培育和践行都源于人们的生活之中，体现在人们的道德行为之内。换句话说，在人们的日常生活行为中，社会主义核心价值观体现得最为根本和真切。以当前舆论最为关注的"老人跌倒该不该扶"为例，可以反映出人们对社会主义核心价值观作为一种道德规范的认同与践行的程度。调查显示，87.4%的受访者表示"扶老人"的道德焦虑在当前社会普遍存在，84.9%的受访者坦言自己就存在"扶老人"的道德焦虑。② 这说明社会主义核心价值观作为一种道德规范虽然已经提了出来，但它还没有内化为人们的道德品性，成为人们自觉的行为标尺。对此如不加以形塑将造成人们道德心理的逐渐荒芜，这不能不说是当代中国人生活焦虑的深层原因之一。2014年春晚小品《扶不扶》把这一道德现象搬上舞台，以艺术化的形式叩问人们应当如何认识并在生活中践行社会主义核心价值观。节目中一个小伙子扛着被自己撞坏了的自行车上场，随后一个大妈摇摇晃晃地出现并摔倒在地。这一场景向小伙子提出了扶还是不扶的问题。在这一道德场景中，小伙子几番思量后，终究还是扶起了大妈。小伙子给出的理由是"人倒了咱不扶，那人心不就倒了吗？人心要是倒了，咱想扶都扶不起来了"。这一呼唤引发了观众的热烈反响和强烈共鸣。这其实是小伙子基于道德推理做出的正确的道德选择，是社会主义核心价值观在人们日常生活中实实在在的体现。

综而观之，核心价值观其实就是一种"德"。它既是个人的德，也是国家的德、社会的德③。这样一种"三维一体"的德对于稳定人们的道德生活生态，维护"生活共同体"的良性运转发挥着重要作用。因为如果没有

---

① 《马克思恩格斯文集》第1卷，人民出版社，2009，第525页。
② 向楠：《84.9%公众坦言扶不扶老人很纠结》，《中国青年报》2013年12月10日，第7版。
③ 《习近平谈治国理政》，人民出版社，2014，第168页。

"德","就不会有人类共同体，从而也不会有人类生活"①。

（三）实践养成是从"道德规范"到"主体品性"培育和践行新时代社会主义核心价值观的生活维度

生活视界中的社会主义核心价值观作为一种三维一体的"德"，只有通过"知行合一"，将其从一种"道德规范"化为"主体品性"，成为主体稳定的道德人格，才能达到使相关主体道德生活质态更加定型的最终目的。实现这一目的，实践养成是根本路径。关于实践养成在德性培育中的作用，早在中国古代社会就被发现并形成了一套行之有效的方法。据张岱年先生在《中国伦理思想研究》一书中的考证，在中国古代，"道德"虽是一个名词，但包含两层含义。一层表达的是行为规范，另一层表达的是规范在实际行为上的体现。也就是说，一个有道德的人，理解行为所应遵循的规则，这是"知"的方面，是前提。除此之外，更需要在生活上遵循这些规范，这是"行"的方面，是根本。只有同时具备两个方面，才可称为有道德的人。在《关于费尔巴哈的提纲》中，马克思则明确指出，从本质上来说，全部社会生活具有实践特性。生活视界中的社会主义核心价值观作为一种道德规范源自当代中国人的生活实践，也只有在人们的生活实践中才能得到合理的解释和最终的实现。其根源就在于从现实社会中的人及他们的现实生活出发，才可以描绘出人们的生活过程在意识形式上的反射和反响的程度。作为道德范畴的社会核心价值观是抽象的，它的变化发展的根据在于变化发展着的人们的社会生产方式。它的变化发展的根据在于变化发展着的人们的社会生活方式。换句话说，社会主义核心价值观念要想从"道德规范"化为"主体品性"，做到熟稔于心，落实于行，需要在生活实践中才能实现。对此，习近平总书记深刻地指出："一种价值观要真正发挥作用，必须融入社会生活，让人们在实践中感知它、领悟它。"②

可以说，从生活视界的角度来看，实践养成是核心价值观由"道德规范"化为"主体品性"的根本路径。只有公民养成稳定的道德人格，才能

---

① 〔英〕A. J. M. 米尔恩：《人的权利与人的多样性》，夏勇等译，中国大百科全书出版社，1995，第43页。
② 《习近平谈治国理政》，人民出版社，2014，第165页。

真正稳固道德底座，做到志其所行，行其所志，在社会主义核心价值观生成过程中存在的突出问题即理论与实践、实然与应然的矛盾才能得以解决，社会主义核心价值观才能真正落地生根，开花结果。

综上所述，社会主义核心价值观是新时代中国社会和全体公民价值追求和价值选择的"最大公约数"，对其内涵深刻理解需要坚持整体性视阈，从符号的深度、政治的高度和生活的厚度三重维度来进行哲学透视。唯有如此，才能较为完整、全面、准确地把握它作为一种精神图像、意识形态和道德规范的本质。三者相互关联，相互渗透，缺少了哪一个维度，对社会主义核心价值观本质的把握就不完整，就会在实践中产生偏差。基于以上认识，教育引导、制度规约、实践养成应当在相应的层面重点展开，在不同的领域相互配合，方可发挥其最大价值，对国家治理、社会进步、文化繁荣和人民素养提高产生引领作用，起到举旗帜、聚民心、育新人、兴文化、展形象的积极作用，成为构建新时代中国精神家园的价值主轴。

【执行编辑：杨　丽】

文化与价值研究

Research on Culture and Value

当代哲学的价值论需求

莉迪亚·阿米尔 著 吴必健 译*

【摘　要】 当代哲学应该由哲学家提供答案,解决当代需求和长远需求。它应该是全球性、开放性的,以便于科学和技术的进展;它应该是不可知论的,以便与各派宗教信仰相兼容。它应该在人类状况的描述上清晰易懂,在制定共同的价值观上足够全面,在提供一种智慧典范时足够实用,并且还能够不受困于形而上学的假设建立一种同情的伦理。本文论证了上述观点的合理性,并推出一种世界观,即人本荒谬(Homo risibilis[①]),来回应这些需求。

【关键词】 怀疑主义;当代世界观;人本荒谬;人类状况;冲突;和谐

哲学家的任务之一就是满足同时代人对有意义的世界观、价值观和智慧典范的需求。除了哲学之外,没有其他学科可以做到不超越理性界限达到这一要求。由于各个领域都指望看到美好生活这样一种广泛愿景,这个

---

* 莉迪亚·阿米尔,以色列贝特尔高等教育学院、美国塔夫茨大学哲学系客座教授,主要研究方向为伦理学、幽默与美好生活、人类状况、元伦理学、元哲学、实践哲学。吴必健,上海大学社会科学学部(筹)哲学系硕士研究生,主要研究方向为伦理学。

① Homo risibilis 一词在阿米尔所著的 *Humor and the Good Life: Shaftesbury, Hamann, Kierkegaard* (2014) 一书中首次提出。homo 指人属之意,risibilis 源于拉丁文,有可笑荒谬之意。阿米尔在此书中解释,人的固有荒谬就是 Homo risibilis。——译者注

任务现今与过去一样，仍然由哲学家负责。哲学的世界观所蕴含的另类灵性曾启发人抵制有组织的宗教。如今重要的是，不仅要为宗教提供可选的方案，还要为新时代运动（the New Age Movement）给西方带来的那种松懈神秘主义提供可选方案。即使这与哲学家所称道的普遍信仰相反，我们也不一定要转向东方哲学求助实用的智慧典范。哲学家的部分任务就是提供新的世界观，帮助我们在现代科学知识的基础上理解人类状况，正如我们目前对人类状况的理解，也是根据现代科学知识。

这种世界观将会是持怀疑态度的。它的怀疑主义使它兼容的是各种形式的信仰，而不是知识，同时仍然保持哲学家所坚守的理性。它支持一种平等主义观点和一种同情伦理，这种同情伦理没有基督教、佛教或叔本华的道德伦理观所要求的形而上学假设。它作为联结思想与生活的关键，内在的转化固然存在。它以自我消解的方式实现和平与幸福，并因此回应当代需求和长远需求。它以当前的认知，把自己铭记在为人类状况的解脱指出一片天地的哲学努力中。

它可以被描述如下：人类状况可概括为我们的欲望在本能、情感和智力层次上的张力，以及我们出于实际和原则性原因，意识到消除它们的不可能性。这种张力在我们对待世界、他人以及我们自己时被发现。这种困境的相关说明，有加缪在《西西弗的神话》中所描述的那种荒谬，有萨特所描述自己与他人以及个人与群体之间的那种冲突，还有康德认为形而上学的作答必然源于理性的本质却又超出理性。这使许多其他的思想家、哲学家和作家都把这种因无法解决冲突的张力视为悲剧性的人类困境。

悲剧范式是一种人生观，它将个体或集体的存在视为对立、对抗、矛盾及其碰撞的结构。这种悲剧对抗可见于个体之中、集体之间、事物的本质之中，或这三者都涉及。在个人层面，我们倾向于将精神解读为对抗力量之间的内部斗争。这种悲剧的核心是分裂的人格。受内在折磨的悲剧精神，这种主题源远流长，从索福克勒斯的国王俄狄浦斯，到柏拉图、圣·保罗、中世纪、莎士比亚、浪漫主义、费奥多尔·陀思妥耶夫斯基，直到西格蒙德·弗洛伊德。蒙田、帕斯卡、阿瑟·叔本华、尼采、列夫·舍斯托夫、米盖尔·德·乌纳姆诺、加缪、萨特、乔治·巴塔耶、克莱门特·斯波西特和萧沆等人都详细阐述了人生的悲剧感。文学在这里意义重大，因为悲剧哲学家不仅罕见，而且常常会用其他作品形式而不是哲学论文形式来提出他们的论点。人生的悲剧感在康拉德的《黑暗之心》、马克斯韦尔·安德森的《温特赛特》、福克纳的《押沙龙，押沙龙》、奥尼尔的《长夜漫漫路迢迢》、梅尔维尔的《白鲸》、加缪的《陌生人》，以及萨特的《恶心》和《禁闭》中，都有所描绘。

我自己、我与他人、我与世界所形成的内心冲突，作为日常经验的一部分，不必总是理解为悲剧的。通过自我指涉的幽默，内心的冲突也可以被认为是滑稽的不协调，我自然不必喜欢，但我可以学会接受它是我作为矛盾存在的组成部分。不断将悲剧转化为喜剧，先是内心冲突然后是萌生快乐会使我注意到并最终接受这是人类状况固有的一面。快乐能够使人承受那些构成人之本质的内心冲突。正如大多数宗教和哲学到目前为止所做的那样，它并没有排斥人类的某些性质来解决人类的问题。

当解决人类状况的基本冲突需要我们放弃理性，也就是我们的认知能力，或者放弃我们认为不逊于理性的欲望时，这代价会让我们可能想放弃解决。正如我们所知，对人类的基本状况，大多数宗教和哲学的解决方案都需要我们放弃人性的一个或多个方面。赎罪或心灵安宁的理论，无论是东方还是西方，宗教的还是非宗教的，都可以进行总的分类，第一种类型的理论否定欲望，第二种类型的理论不把理性的局限性当回事，第三种类型的理论诋毁欲望和理性。

第一种类型的理论包含了敦促我们放弃欲望的世界观。其中，它包括佛教和印度教的释放观，叔本华的救赎理论——这理论受到前者的影响，古希腊和罗马的伊壁鸠鲁学派以及皮浪主义，甚至还有像伯特兰·罗素这样通情达理的哲学家的解放观点。第二种类型的理论在贬低理性局限性的同时保证部分欲望或全部欲望得到满足。它包括对形而上学问题、宗教理论和各种哲学问题的所有答案，这些答案鼓励以牺牲其他人为代价来满足我们的欲望，而其他人的类似权利则通过理性赋予我们。第三种类型的理论诋毁欲望和理性。它体现在道教和某些西方神秘主义，也体现在那些诋毁欲望而过分强调理性的哲学，例如斯多葛主义和康德把美好生活视为一种遵从绝对命令的生活。

大多数的宗教和哲学的主张，要么是抛弃欲望，要么是抛弃理性（它告诉我们欲望要得到满足需要付出什么代价），或二者都抛弃。为了培养对现实的鉴赏力，作为服务实际的工具，系统地运用幽默使深入探究悲剧并将其转化为愉悦平静的生活成为可能。由此在认知上产生的好处对一个哲学家来说是很有意义的：当我抛弃我无法承受的东西时，我必然会颠覆自我认知以及对他人和现实的认知。伦理上的好处则来自对矛盾自我更真实的看法，尤其是在我与他人的关系中，它使我能够和谐地接受自我认知和其他认知之间的张力，许多思想家，像乔治·威廉·黑格尔和西格蒙德·弗洛伊德，都认为这种张力是必然冲突的。

在我与自己、与他人以及与世界存在必然冲突的关系中，有必要接纳自我又缺乏自我接纳的能力，这会使人普遍意识到，我们沦为无名的笑柄，我们注定要与之斗争。正如这里提出的观点是平等主义的，它揭示了所有自我中心、攀比以及竞争情绪的多余性。它的平等主义以及它对人类易犯错误和易受伤害的看法建立了一种同情的伦理，通过无根据的形而上学假设就能推进这种伦理，可媲美哲学理论和宗教理论。

新发现的和谐基于这种新的自我认识，它满足了人们对和平的渴望，并且实现了哲学本身的宏大目标：为人类在宇宙中寻找出一处来解决异化，同时也满足对特殊性的需求。我们是荒谬的人类，人本荒谬，不能同时接受生命中的轻浮和庄重。这说明人类状况在悲剧看法中，是一件有必要解决但又不可能解决的事。除非我们承认其荒谬性，从而使事情能够得到解决，否则我们注定要遭受痛苦，也因此使其他人受苦，其程度远远超过必要。通过一种愉悦的讲和，基于自我认识和自我接纳的自由是显而易见的。它使我们自由地为他人行动，而不受困于内心的冲突。

我在这里提出的世界观相当于一种我与我自己、他人以及世界的和谐统一，这是所有哲学家在努力克服异化时都想形成的局面。把冲突视为正常，因为它们是我作为复杂存在的性质，也是我与一个我不完全理解的世界所交涉成的复杂关系的性质，人本荒谬附和了赫拉克利特的话：

> 他们不明白，正是由于与自身的不一致，它才与自身相一致：一种向后伸展的和谐，就像弓或里尔琴。

在《世界哲学史导论》中，大卫·库珀引用了诗人华兹华斯对潜伏在冲突情绪中的张力的辛酸描述，这可是对哲学思想的鞭策：

> 所有真正哲学的基础工作就是在我们与自然一体的直觉和我们与自然分离对立的直觉之间作出区分。

世界哲学大多试图通过对人类的描述来解决这种张力，这些描述公正地表达了这一物种的独特性，同时又不会使其成员在这个世界上成为怪人、局外人或陌生人。几乎没有一个一流的哲学家对这种张力置之不理。如果库珀在最初的哲学鞭策是正确的，那么这里提出的观点将可放进试图克服异化的哲学史中，并且我相信成功地做到了，没有无根据的假设或其他不必要的困难。

就像道家的渔网、佛教徒的筏子和维特根斯坦的梯子一样，在不再需要时可以丢弃，这里提出的世界观也可以被遗忘，也许比那些强大的哲学体系更容易被遗忘。人本荒谬服务于实际目标，没有无端和烦琐的知识要求。不管是适时还是过时，在新的发现再次挑战我们之前，都是一种生活愿景。

【执行编辑：尹　岩】

价值论视阈中马克思正义观的研究方法反思*

温 泉**

【摘 要】 价值论以价值问题为直接研究对象,能够为马克思正义观的建构奠定方法论基础。在以实践为基础的主体、客体价值分析方法的指导下,马克思正义观中的价值主体得以确立,继而通过价值实践活动满足主体的正义需要,推动着生产关系和社会制度由非正义转向正义,从实然走向应然。价值论的研究视阈对于阐发物应当为劳动所得、人应当自由全面发展等应得的正义理念,对于明确马克思正义观的价值立场,理解其价值批判和价值旨趣具有重要意义。

【关键词】 价值论;马克思;正义观;方法论

一 研究视角的转换:从解释走向建构

20世纪七八十年代,英美马克思主义者展开了关于"马克思与正义"

---

* 本文系"北方工业大学科研启动基金项目'马克思正义观的文本研究及其当代价值'"的阶段性成果。
** 温泉,北方工业大学马克思主义学院讲师,主要研究方向为价值论、马克思政治哲学。

的讨论。其中,"马克思是否持有正义观"以及"马克思是否认为资本主义剥削是正义的"等问题始终是政治哲学相关话题的研究热点。国内学界关于"马克思与正义关系"的研究深受英美学界的影响,主要涉及争论马克思思想中有无正义及其论述的方式涉及事实判断抑或是价值判断等。在此基础上,我们有必要结合历史唯物主义讨论马克思正义观的内容、结构、特点,并做进一步的思考:正义作为一种价值关系,以价值问题为研究对象的马克思主义价值论能够为其正义观的建构奠定什么样的方法论基础?

传统的马克思主义认识论提供了关于资本主义生产方式、社会制度及社会历史发展规律等方面的事实性回答。然而,对于马克思正义观的研究,如果将历史唯物主义的体系框架等同于马克思的正义观,那么直接照搬这种"宏观叙事"的思维方式,无论是"以康解马"或"以黑解马"的解释模式,都无法从正面直接建构马克思的"正义观"乃至"正义"概念,并且这种认识论的研究视野一开始就引发了关于马克思到底有无正义观的争论。

在与生产方式相关的正义问题表述上,马克思曾提到,"只要与生产方式相适应,相一致,就是正义的;只要与生产方式相矛盾,就是非正义的。在资本主义生产方式的基础上,奴隶制是非正义的;在商品质量上弄虚作假也是非正义的"[①]。这段话引起了学界声势浩荡的争论,即生产方式能否作为正义标准的"塔克-伍德命题"。我们知道马克思并不是经济决定论者,社会经济因素并不是唯一的决定性因素,它只是在"归根结底"的意义上起到决定社会历史进程的作用,并不否认诸如上层建筑、民族传统、国际环境等其他社会因素的影响。正如阿尔都塞所言,"无论在开始或结尾,归根到底起决定作用的经济因素从来都不是单独起作用的"[②]。所以,一种衡量社会核心价值及多元价值的正义理论也不应是一种唯生产力论的合法主张,仅与生产方式相对应的正义原则也无法成为马克思主义所肯定并为现代文明社会所接受的正义标准。

相比较之下,在价值论的视阈中,马克思关于正义问题的批判性观点有可能得到正面的梳理和建构,从根本上解答马克思"有无"正义观的问

---

① 《马克思恩格斯全集》第 25 卷,人民出版社,1974,第 379 页。
② 〔法〕阿尔都塞:《保卫马克思》,顾良译,商务印书馆,2006,第 103 页。

题。以实践为基础的马克思主义价值学,把价值视作一种由人的实践所创造的社会现象,而非某种自然现象,对价值的追求是人的实践活动的内在要素和"内在尺度"。它在研究的出发点、研究的对象、提问方式、运思方向等方面,体现了不同于认识论的基本特征和精神境界。认识论以对象世界、客观世界为出发点,以"是""实然"提问方式,力求排除主观因素研究客体的存在、性质、功能及其发展变化,达到认识世界、获得真理的目的。真理和价值之间最重要的区别表现为"前者意味着同一(主观符合客观),后者则表示一种关系(客体对主体的适宜)"。① 价值论"从主体方面去理解"活动着的人及其生活的世界,依据"人的内在尺度",以"应该""应然"为提问方式研究"世界对于人的意义",主体本性、目的、需要和能力与客体的存在及其状态之间的关系,追求客体相对于具体主体的合理性、有效性。简言之,马克思主义哲学视野下对"价值"真谛的探寻,要突破纯粹理论和思辨哲学的界限,回归到具体的、历史的、现实的价值生活实践本身。

在这个前提下,价值论的解释框架和方法论对于解读马克思恩格斯文本中的正义观表述,创造性地归纳和凝练马克思的正义观十分必要。它不仅能够再现经济基础"归根结底"的逻辑机理,而且能够还原各种因素"相互影响""相互制约"的社会价值关系环境,从而使马克思的正义观表现出一个类似于"矛盾的多元决定"的社会生成过程——既有效地揭示马克思正义观的历史唯物主义前提,又再现了特定语境下马克思正义思想的社会生成过程。正如恩格斯所表述的那样,"下面这个原理,不仅对于经济学,而且对于一切历史科学(凡不是自然科学的科学都是历史科学)都是一个具有革命意义的发现:'物质生活的生产方式制约着整个社会生活、政治生活和精神生活的过程',在历史上出现的一切社会关系和国家关系,一切宗教制度和法律制度,一切理论观点,只有理解了每一个与之相应的时代的物质生活条件,并且从这些物质条件中被引申出来的时候,才能理解"。② 正是在坚持经济基础、社会物质生产方式"归根结底"意义上的决定性作用的基础上,马克思实现了人类社会发展模式的科学逻辑重构。

---

① 〔日〕牧口常三郎:《价值哲学》,马俊峰等译,中国人民大学出版社,1989,第12页。
② 《马克思恩格斯选集》第2卷,人民出版社,1995,第38页。

二 价值论视阈下正义观研究的结构性问题

正义是一个价值问题。以价值问题为研究对象的价值论能够为马克思正义观的诠释提供一种方法论的借鉴。在价值论的视阈中，马克思正义观研究中所面临的结构性问题是：马克思正义观的价值主体是什么，站在谁的价值立场维护其利益和需要，通过何种社会制度保障正义的价值原则，以何种途径实现正义的价值理想。在这个过程中，如何体现马克思正义观的价值境界是一个重要的基础性问题。这个问题的解答直接关系到马克思的正义观是如何与其他一般意义的道德论调划清界限的，是如何在内容上、立场上、方法论上实现时代突破的。这一结构性问题具体体现在以下四个方面。

第一，在马克思正义观价值主体的确立方面，现实的个人、雇佣劳动者和社会有机体在个体主体、阶级主体和社会主体层面依次拓展了马克思正义观的价值秩序。马克思哲学重新确立了"现实的个人"的逻辑前提和基础性地位，打破了任何通过超验的力量和抽象的概念构造正义秩序的神话，从而提出了构造对象世界以及人与对象之间关系的新的条件，为正义的社会制度构建提供了人学和价值论的理论空间。作为价值主体的现实的个人在资本主义社会关系中体现为极具革命性的无产阶级，他们的存在一方面直接指证着资本主义制度的非正义性，另一方面他们又构成谋求正义社会的主体力量。社会有机体则构成了现实的个人实践活动的现实领域，也就成为马克思正义观更大范围上的抽象逻辑主体。任何一个时代的"正义的主体"都寓于特定文明历史延续的实践行动之中，是特定社会生产和生活方式的"历史生成"。正义这种"时代精神"是在社会有机体的土壤中被孕育出来的，它植根历史，面向未来。

第二，在马克思正义观理论内涵的阐释方面，分析价值主体在现实的价值关系中的处境，从对象性关系中阐明价值主体的正义要求，在逻辑上推进马克思正义观的核心内涵诠释。"所谓彻底，就是抓住事物的根本。但人的根本就是人本身。"① 在资本主义社会关系最为基础的生产领域内，价

---

① 《马克思恩格斯选集》第 1 卷，人民出版社，1995，第 585 页。

值主体之间虽然在很大程度上相互依赖，但其结果并不是"天然平等共生"，而是一方对另一方的"剥削性寄生"。作为一种价值关系的正义，在马克思的哲学中意味着人在与物的关系、与人自身的关系中，得到理论上和实践上的完成，体现为恢复自然界和人的世界的固有价值等正义要求。

第三，在马克思正义观价值批判的演进方面，廓清马克思批判自由主义正义观、资产阶级永恒正义观、庸俗社会主义分配正义观中体现的革命主张。他揭示了自由主义正义观的个人主义、利己主义立场和私有制的物质前提，揭示了永恒正义观的资产阶级意识形态统治和资产阶级利益泛化的社会统治，揭示了庸俗社会主义分配正义观的经济领域局限和社会改良危害。在此过程中，马克思并没有否定道德本身的作用，而是否认通过道德来超越资本主义非正义的可能性。

第四，在马克思正义观价值境界的凝练中，彰显以总体性为特征的社会批判理论中，所体现的马克思改变现实缺陷性社会秩序的价值理想。在正义的社会制度中，价值主体之间的关系由作为首要形式的经济关系转向全面的社会关系，在一种自觉分工和自由劳动的正义制度安排下，获得自我价值的实现。马克思关于人的自我实现和全人类解放的价值境界，以及实际生活中倡导工人通过革命运动推翻资本主义制度，进而建立自由人的联合体的共产主义理想，都可以映射出他对实质正义、自由和平等的规范性思索。所以，"马克思的正义观"绝不仅仅是描述性的，而且还具有规范性的力量。

从总体上来看，对马克思正义观的研究是一个开放性的时代课题。马克思的思想不是自我封闭的，开放性符合马克思主义的精神特质，它"对知识和发现，对实践和政治活动，对理论的进步和深化保持开放"[①]。进入21世纪以来，随着社会主义运动的不断发展，特别是中国特色社会主义建设的不断深入，面对西方资本主义意识形态特别是西方价值观的严峻威胁，进一步挖掘马克思文本中关于"正义问题"的思想资源，并建构马克思主义的正义观，客观上成了当今社会主义运动的时代要求。正是在这样的时代背景中，对马克思正义观的研究和阐发将是一个始终开放和不断持续的过程。

---

① 〔法〕亨利·列斐伏尔：《马克思的社会学》，谢永康译，北京师范大学出版社，2013，第3页。

三 马克思正义观研究中价值主体的确立及其意义

正义观是作为一种价值观念存在的，而"价值观念'是什么'的问题，离不开它'如何是'（怎样形成、怎样作用、怎样变化）的问题。这就要进一步考察它的功能及其发生、变化等各方面的动态特征"①。在把握具有属人性、主体性、生成性、历史性的价值论视阈中，主体自身及与主体相关的性质得到充分重视，主体及其需要得以产生和发展的社会生产关系、交换关系需要得到进一步的说明。主体的本性、利益、需要、情感、能力等因素在价值的形成和评价中发挥着至关重要的作用。不同主体间的需要是有差别的统一，其价值要求的提出和满足都需要在社会关系中得以实现。在此前提下，没有"价值中立"的正义，没有"超主体"的正义，没有"超历史"的正义，没有"超越客观需要"的正义，没有"永恒的、普适的、放之四海而皆准的真理式的"正义。因此，讨论马克思正义观的理论内涵，必须考察"正义的主体"，即谁的正义的问题。

第一，马克思哲学中"现实的个人"能够构成"正义的主体"之"个体主体"。马克思在《德意志意识形态》中把"现实的个人"视作"全部人类历史的第一个前提"②。在正义的现实秩序即社会关系中，主体不再是任何意义上抽象的虚构或孤立的自身，而是能够在与客体的互动中，获得其存在与发展的意义合理性，实现其社会关系层面的本质塑造与建构。在理想的状态中客体是人的本质力量对象化的产物，是主体性的体现，而不是主体性的丧失或分裂，更不是以一种异化的形式反过来成为制约人、支配人的力量。主体与客体的关系也不是任何宗教或哲学赋予的思辨本质，而是根植于经验，在主体实践活动的基础上获得了自身的合法性。现实的个人"在一定的物质的、不受他们任意支配的界限、前提和条件下活动"③，作为个体主体式的逻辑前提，现实的个人在历史制约的前提下通过实践创造着历史。从这个意义上，我们可以说，"现实的个人"或个体主体是社会

---

① 李德顺：《价值论：一种主体性的研究》第3版，中国人民大学出版社，2013，第153页。
② 《马克思恩格斯选集》第1卷，人民出版社，1995，第67页。
③ 《马克思恩格斯选集》第1卷，人民出版社，1995，第72页。

关系的承载者，是社会关系变革的主体力量，是推动唯物史观历史分析的逻辑前提。

第二，推动历史发展的先进"阶级"能够构成"正义的主体"之集体主体。在马克思关于无产阶级革命的学说中，"工业无产阶级"是现代工业生产方式的产物，是现代社会物质财富创造者，但是依托现有社会的交往规则，他们处于受不公正对待的一方，他们的存在本身能够说明并评判资本主义制度的非正义性。无产阶级对于实现正义的历史使命在于既扬弃剥削性社会关系又扬弃自身，在克服非正义资本主义社会关系的过程中，在推动作为一项"运动"的共产主义事业的过程中，重塑一个更加"正义"的社会有机体，即共产主义社会里"每个人的发展是其他一切人自由发展的前提和条件"。① 因而，马克思通过对"'劳动者'利益本位基础上优良的制度和'为我的'关系"② 的确认，提供了一种具有最高位阶的正义理念。

第三，"社会有机体"是孕育"正义的主体"之摇篮，构成正义的制度载体。社会有机体在特定的社会认同模式中贯穿着有关正义社会认同的特定标准。这种标准的生成，在"归根结底"的意义上服从于生产力对生产关系、经济基础对上层建筑的决定作用，并受到特定的文化风俗、法律制度、历史发展的偶然性的影响。特定时代中人们的实践活动，只能是在历史传承的基础上进行，而不能超出所处时代的客观条件的限制。正是在这个意义上，马克思指出，"先辈们的传统，像梦魇一样纠缠着活人的头脑"③。因而，正义又表现为一种扬弃的历史进程，即由从共产主义第一阶段中所坚持"按劳分配"的原则，过渡到共产主义第二阶段的"各尽所能，按需分配"④。在无产阶级"把靠社会供养而又阻碍社会自由发展的国家这个寄生赘瘤迄今所夺去的一切力量，归还给社会机体"⑤ 的革命中，社会财富的占有和分配方面由个人占有变为了由社会全体共同占有，人类社会真

---

① 《马克思恩格斯选集》第 1 卷，人民出版社，1995，第 294 页。
② 袁祖社：《"正义"对"制度"的介入与规制：马克思正义观的实践难题》，《北京大学学报》（哲学社会科学版）2014 年第 3 期。
③ 《马克思恩格斯选集》第 1 卷，人民出版社，1995，第 585 页。
④ 《马克思恩格斯选集》第 1 卷，人民出版社，1995，第 305 页。
⑤ 《马克思恩格斯选集》第 3 卷，人民出版社，2012，第 101 页。

正地实现了从虚幻的共同体走向自由人的联合体——"一种所有人都能在其中获得他们的全部利益的社会……超越正义的社会……它排除了必须诉诸正当和正义原则的理由"。①

综上所述,正如马克思在阐释自己的"历史科学"的时候是从"现实的个人"入手的一样,关于马克思正义问题的逻辑起点的一个基本维度也应该是具有社会性的人,是处于群体、阶级和社会有机体等社会关系中的现实的个人。在马克思哲学的视野中,"正义的主体"不仅是一种个体行为,而且也是一种集团行为,是孕育于整个社会有机体所内生的"时代精神"。所以,基于马克思主义视角的正义社会,所有的社会关系最终都是围绕人(虽然它并不否认人的工具性存在层面,但它是作为通向"价值"层面的中介)并以人为目的的,合理的社会关系使人在共同体中真正作为社会和历史发展的主体,使人的本质力量得到充分的发挥,促成人对人本质的真正占有,使联合起来的个人能够实现对社会关系的全面占有和共同控制。无论是历史、政治、国家,还是意识形态,都为主体的自我实现提供生长和繁荣的可能性空间。

四　马克思正义观是从"实然"到"应然"的价值实践

在关于"正义"的种种内涵中,其最初的基本含义来自古希腊思想家梭伦的思想,他最早把"给一个人以其应得"的含义引入正义概念之中,并使正义成为一个具有明确的社会与德性意义的概念②。梭伦将"应得"的观念与正义联系起来,主张在雅典城邦中一部分人应当享有财富,另一部分人只应享有人身自由,通过压制富人贪婪的欲望,保障平民应得的自由和恰如其分的尊严,在富人和穷人之间寻求平衡以实现雅典城邦中的正义。这里的"应得"表示有权利要求得到,也是正义概念中的"正",即本身、真实、正确的意思。"应得的正义"由此成为西方关于正义的所有含义中最基本的一种,也是后来关于权利、自由等相关概念的最早起源。

---

① 〔美〕约翰·罗尔斯:《正义论》,何怀宏译,中国社会科学出版社,1988,第272页。
② 廖申白:《西方正义概念:嬗变中的综合》,《哲学研究》2002年第11期。

从权利与义务的关系的角度，西方近代讨论了正义的基础、性质与限制。他们强调正义的"应得"首先是个人持有财产的权利，一个人应得事物的范围就是个人劳动的能力和享用的能力的限度，财产是个人的劳动所得，权力和道德都不能强制财产所有者对其财产的处置。同时，他们也区分了友爱、仁爱等私人德性同正义的关系，并强调了法律作为正义的保障是非常必要的。社会主义者对于正义的看法具有本质的不同，他们认为"不劳动者不应得"，不承认才能和天赋的特权的劳动概念，应得的权利是现实投入的劳动而非财产权，社会成员共同享有社会财富是最重要的正义，每个人都具有同等的重要性，能够实际运用其平等权利，充分满足其自由发展的需要。

从价值与事实的角度来看，马克思对资本主义社会时代弊端的科学分析和时代超越同时也就表明了在非正义社会中"是"的事实存在情形，以及扬弃它们的过程中所呈现的"应该"的理想存在状态。以其围绕"劳动"的分析为例，"给予每个人……所应得的东西，且不以与他们应得不相容的方式对待他们的一种安排"① 是正义的重要内涵之一。然而，在资本主义社会中，人的生产劳动呈现出了异化劳动与自由自觉劳动的对立，所带来的是对劳动主体的价值及其存在意义的排斥和否定。雇佣劳动生产的直接目的是生产剩余价值，而不是满足劳动者本身的需要；劳动总产品的分配方面也只是按照资产阶级确立的权利进行划分，无法根据按需分配原则给予每个人以应得，最大限度地满足所有社会成员的需要。这些都表明了马克思在对资本主义生产、交换、消费和分配等环节"实然"的批判中暗含着"应然"的正义理想。

当人们关切和反思自身阶级处境与现实利益等自我意识觉醒的时候，一种对造成社会关系全面不正义的社会制度的整体性反思能够有效地在推翻和变革这种社会制度的过程中发挥作用。马克思在《1857—1858 年经济学手稿》中指出，"当奴隶觉悟到他不能作第三者的财产，觉悟到他是一个人的时候，奴隶制度就……不能继续作为生产的基础"②。当无产阶级意识到资本主义的不正义是制度性的、整体性的时候，作为被压迫的阶级将不

---

① A. MacIntyre, *Whose Justice? Which Rationality?* Duckworth, 1988, p. 39.
② 《马克思恩格斯全集》第 46 卷，人民出版社，1979，第 460 页。

是以生产工具为破坏对象,而是以对资本主义生产方式为根本批判的时候,对资本主义社会制度的撼动和价值观拒斥将是不可阻止的。为此,马克思指出,无产阶级阶级意识的觉醒,特别是认识到自身在资本主义商品生产中所起到的关键性作用,断定自身的受压迫处境,"是了不起的觉悟,这种觉悟是以资本为基础的生产方式的产物,而且也正是为这种生产方式送葬的丧钟"①。

马克思的正义观及其标准的实现依赖于无产阶级在实践和意识形态上对资本主义的批判与扬弃,而不是理论上简单宣布"正义"和"非正义"的二元对立。1868年,在国际布鲁塞尔代表大会上有人主张"科学以判决小土地所有制必定灭亡,正义则判决大土地所有制必定灭亡"时,马克思在《论土地国有化》中提出了相反的看法,即"社会运动将作出决定:土地只能是国家的财产"②。恩格斯在《反杜林论》中批判杜林"关于正义和非正义的一时的、易变的主观想象"时也得出了与马克思一致的结论,即现代社会主义必然取得胜利的根本原因并不是"基于某一个蛰居书斋的学者的关于正义和非正义的观念"③,而是因为现代资本主义生产方式与其所创造的生产力和财富分配制度发生了激烈的矛盾,只有以革命的方式,变革生产方式和分配方式,才能够避免整个现代社会的毁灭。

由此可以看出,价值论视角中的马克思的正义观以"应然"这一更高的共产主义状态为正义指向。它是建立在对资本主义社会历史分析的"事实判断"基础上的,能够作为价值评价的标准衡量资本主义非正义的生产关系和其他社会关系,并且具有合理性和科学性。就正义是一种应得而言,实现"物"应当为劳动所得,消除不合理的分工,消灭私有制,实现社会生产关系的全面正义;就正义是一种应当而言,实现"人"应当自由全面发展,超越资产阶级的政治解放,克服人的异化,在自由人的联合体中,实现人与自然的关系中、与社会的关系中的全面解放。这种富有自我实现、共同体、自由、平等等规范内涵的正义观通过不断地调节社会生产力和生产关系、经济基础与上层建筑之间的矛盾运动,指向更高级和更进步的社会制度。

---

① 《马克思恩格斯全集》第46卷,人民出版社,1979,第460页。
② 《马克思恩格斯选集》第3卷,人民出版社,1995,第129页。
③ 《马克思恩格斯选集》第3卷,人民出版社,1995,第501页。

五　结语

以考察价值本质为核心问题和以反思人的现实生活与社会历史、选择与建构人的理想世界①为理论主旨的价值论研究方法，能够为马克思正义观的价值主体、价值批判和价值旨趣等结构性问题提供一种可能的理解框架和发展路径。作为评判某种价值关系是否符合社会主流评价原则的价值观，正义观既体现着一种价值立场，也表征着一种价值评判标准。

从价值论的视角来看，马克思的正义观正是站在无产阶级的阶级立场上科学审视资本主义雇佣劳动关系中无产阶级的社会处境，重新反思作为现实的个人应有的生产和生活状态而形成的革命理论。它作为无产阶级革命的"精神武器"一方面彰显着其对资本主义正义观的时代扬弃，另一方面激励着无产阶级自我解放意识的觉醒并进行彻底的社会历史变革。在学界已有的关于马克思的历史观、阶级观、自然观、伦理观的众多诠释中，无不贯通历史向世界历史转变的宏观视角，这种视角本身就是一种正义指向。在马克思的理论视野中，作为价值关系的正义追求始终在其关于人的学说、关于社会历史批判及其辩证法思想中得到不断彰显。如西方学者史蒂文·卢克斯所言，马克思对资本主义社会制度进行了多角度的探究，在内部描述和外部批判相互交织的过程中，"从超越正义的角度出发，依次对这种证明和批判进行了批判"②。

【执行编辑：杨　丽】

---

① 孙伟平：《价值哲学方法论》，中国社会科学出版社，2008，第6页。
② 〔英〕史蒂文·卢克斯：《马克思主义与道德》，袁聚录译，高等教育出版社，2009，第72页。

价值实践问题研究

Research on Value Practice

论新时代社会主义核心价值体系构建中的共同富裕

邱仁富*

【摘　要】 共同富裕是"一条大原则",邓小平反复强调共同富裕的思想,并把它作为中国特色社会主义发展的本质体现和社会主义的大原则。当代中国共产党人把共同富裕作为发展社会主义的目标,既体现在党治国理政的全过程之中,又体现在社会治理的价值观念之中。共同富裕蕴含在社会主义核心价值体系的血脉之中,融入社会主义核心价值体系的精神实质和内在要求之中,融入中国特色社会主义共同理想构建之中。因此,建构新时代社会主义核心价值体系必须要立足于共同富裕的基石之上,要做到"三个立足":立足作为奋斗目标的共同富裕来建设新时代社会主义核心价值体系,立足作为社会本质的共同富裕来建设新时代社会主义核心价值体系,立足作为价值追求的共同富裕来建设新时代社会主义核心价值体系。

【关键词】 共同富裕;新时代;社会主义核心价值体系;社会本质;价值力量

2006 年中央提出建设社会主义核心价值体系,而后上升到"兴国之魂"

---

* 邱仁富,上海大学马克思主义学院副教授,主要研究方向为价值论研究。

的重要高度，并在此基础上提炼出社会主义核心价值观。党的十九大报告把社会主义核心价值体系纳入"新时代中国特色社会主义思想"，作为"十四个坚持"基本方略的重要组成部分，标志着社会主义核心价值体系的建设也进入了新时代。

然而，新时代社会主义核心价值体系如何定位、如何建构、如何为坚持和发展中国特色社会主义提供价值支撑与价值力量，则是亟待深化研究的重大课题。改革开放40年来的伟大实践，蕴含深刻的共同富裕价值追求，从共同富裕的角度来推动新时代社会主义核心价值体系建设则是一个不可回避的视角。经过改革开放40年的伟大实践，共同富裕由理想向现实转变，使作为理想的共同体逐步向实践中的共同体转化，表征着坚持和发展新时代中国特色社会主义的伟大实践。总结改革开放40年的实践价值及其变迁，充分把握共同富裕凸显新时代社会主义核心价值体系构建的内在要求，充分体现了新时代社会主义意识形态的本质特征。

一 共同富裕是"一条大原则"

在马克思的视阈中，共同富裕是在消灭私有制的基础之上，通过生产力的发展和社会经营方式等方面的改变来逐渐实现的。"这种新的社会制度首先必须剥夺相互竞争的个人对工业和一切生产部门的经营权，而代之以所有这些生产部门由整个社会来经营，就是说，为了共同的利益、按照共同的计划、在社会全体成员的参加下来经营……因此私有制也必须废除，而代之以共同使用全部生产工具和按照共同的协议来分配全部产品，即所谓财产共有"①，围绕共同利益、共同计划、共同参与、共享财产等方面，实际上就体现了共同富裕的价值导向。

改革开放以来，邓小平反复强调共同富裕的思想，并把它作为中国特色社会主义发展的本质体现和社会主义的大原则，表明了当代中国共产党人把共同富裕作为发展社会主义的目标。党的十九大报告更加突出地把共同富裕思想提出来，实质上是中国社会开始迈进共同富裕伟大征程的鲜明

---

① 《马克思恩格斯选集》第1卷，人民出版社，2012，第302页。

体现。共同富裕的价值是新时代坚持和发展中国特色社会主义的首要价值，因此，构建新时代社会主义核心价值体系，必须要立足于共同富裕才能顺应时代发展需要，才能赢得人民的认同和支持。

邓小平把共同富裕理解为两层含义：一是基本原则；二是社会本质。邓小平指出："一个公有制占主体，一个共同富裕，这是我们所必须坚持的社会主义的根本原则。我们就是要坚决执行和实现这些社会主义的原则。从长远说，最终是过渡到共产主义。"① 他进一步明确阐明，"在改革中，我们始终坚持两条基本原则，一是以社会主义公有制为主体，一是共同富裕"②。这两个基本原则是内在统一的，只有坚持社会主义公有制才能实现共同富裕，实现共同富裕是为了更好地坚持社会主义公有制。不讲公有制难以实现共同富裕，不讲共同富裕难以坚持公有制。它们之间相互作用、相互促进，共同为不断满足人民群众日益增长的美好需要发挥独特作用。唯有实现共同富裕才能彰显中国特色社会主义制度的优越性，而且共同富裕是过渡到共产主义的一种重要原则。

关于作为一个原则的共同富裕，邓小平在多次讲话中都阐明了共同富裕的原则、实现路径和方式。改革开放伊始，邓小平提出了通过两个大局来实现共同富裕，"鼓励一部分地区、一部分人先富裕起来，也正是为了带动越来越多的人富裕起来，达到共同富裕的目的"③。"我的一贯主张是，让一部分人、一部分地区先富起来，大原则是共同富裕。一部分地区发展快一点，带动大部分地区，这是加速发展、达到共同富裕的捷径。"④ 先富带动后富，最终实现共同富裕。改革开放40年来，中国经济社会发生了翻天覆地的变化，人民生活水平得到普遍提高，"一部分地区有条件先发展起来"这一目标已经实现，"先发展起来的地区带动后发展的地区"的格局不断推进，展现出中国共产党人的政治承诺和决心，从而使共同富裕从理想逐渐走向现实。

共同富裕从原则走向本质。邓小平在南方谈话中系统、全面地阐释了

---

① 《邓小平文选》第3卷，人民出版社，1993，第111页。
② 《邓小平文选》第3卷，人民出版社，1993，第142页。
③ 《邓小平文选》第3卷，人民出版社，1993，第142页。
④ 《邓小平文选》第3卷，人民出版社，1993，第166页。

共同富裕的思想,主要是从社会主义的高度来阐释共同富裕。"计划多一点还是市场多一点,不是社会主义与资本主义的本质区别。计划经济不等于社会主义,资本主义也有计划;市场经济不等于资本主义,社会主义也有市场。计划和市场都是经济手段。社会主义的本质,是解放生产力,发展生产力,消灭剥削,消除两极分化,最终达到共同富裕。"①从原则走向本质的阐释,表明邓小平对社会主义的认识也越来越深刻,体现了社会主义的优势所在。进言之,社会主义的目的就是要实现共同富裕。邓小平多次强调实现共同富裕的路径就是先富带动后富,在南方谈话中,他再次阐释这一主张,认为"走社会主义道路,就是要逐步实现共同富裕。共同富裕的构想是这样提出的:一部分地区有条件先发展起来,一部分地区发展慢点,先发展起来的地区带动后发展的地区,最终达到共同富裕。如果富的愈来愈富,穷的愈来愈穷,两极分化就会产生,而社会主义制度就应该而且能够避免两极分化。解决的办法之一,就是先富起来的地区多交点利税,支持贫困地区的发展"②。

从以上梳理可以总结出邓小平关于共同富裕的主要思想。一是坚持共同富裕是改革开放的大原则,从而为改革开放奠定了价值基调。改革开放是为了解放生产力和发展生产力,但归根结底在于使中国人民过上美好生活,走向共同富裕道路。二是坚持共同富裕是中国特色社会主义道路的价值要求,体现社会主义的本质特征。这是社会主义不同于其他社会的显著特征,是体现社会主义优越性的重要表征。三是实现共同富裕必须通过一部分有条件的地区先发展起来,带动后面的富裕,不可能同步富裕、同时富裕,从而为实现共同富裕提供方法论指引。

由此,我们要准确把握共同富裕的丰富内涵。一是共同富裕不是平均主义的思维方式。中国自古以来的"均平"思想影响着人们的思维方式,容易造成共同富裕就是同时富裕、同步富裕、同等富裕的错觉。共同富裕不能是同时富裕,也无法做到。当然,同步富裕、同等富裕也是难以做到的。二是共同富裕是差异性的共同富裕。共同富裕不能是大家财富一样多,它包含差异性特征,但是这个差异性是有度的、可控的,不能造成两极分

---

① 《邓小平文选》第3卷,人民出版社,1993,第373页。
② 《邓小平文选》第3卷,人民出版社,1993,第373—374页。

化。贫穷不是社会主义,两极分化也不是社会主义。为此,建设社会主义要"解放和发展生产力,消灭剥削制度,消除两极分化,推动物质文明和精神文明协调发展,最终实现全体人民共同富裕"①。三是共同富裕是整体性富裕,是包含着经济、政治、文化、社会、生态一体化基础上的整体性富裕。邓小平最早将共同富裕理解为物质层面上的共同富裕和精神层面上的共同富裕,认为"我们要在建设高度物质文明的同时,提高全民族的科学文化水平,发展高尚的丰富多彩的文化生活,建设高度的社会主义精神文明"②。邓小平强调共同富裕不能仅理解为物质层面上的共同富裕,还必须在精神层面上搞好共同富裕,即实现人们精神境界的普遍提升。

党的十八大以来,我国在推动社会主义共同富裕方面进行了开拓性的探索,取得了重大阶段性成果,为实现共同富裕迈出了坚实的步伐。党的十八大报告进一步阐释了共同富裕的原则性,指出:"共同富裕是中国特色社会主义的根本原则。"③ 这就把共同富裕从"大原则"上升到"根本原则"。习近平指出:"带领人民创造幸福生活,是我们党始终不渝的奋斗目标。我们要顺应人民群众对美好生活的向往,坚持以人民为中心的发展思想,以保障和改善民生为重点,发展各项社会事业,加大收入分配调节力度,打赢脱贫攻坚战,保证人民平等参与、平等发展权利,使改革发展成果更多更公平惠及全体人民,朝着实现全体人民共同富裕的目标稳步迈进。"④党的十八大以来,以习近平为核心的党中央勠力同心,在保障民生、精准扶贫等方面采取了一系列开创性措施,取得了巨大成就。正如党的十九大报告指出:"深入贯彻以人民为中心的发展思想,一大批惠民举措落地实施,人民获得感显著增强。脱贫攻坚战取得决定性进展,六千多万贫困人口稳定脱贫,贫困发生率从百分之十点二下降到百分之四以下。教育事业全面发展,中西部和农村教育明显加强。就业状况持续改善,城镇新增就业年均一千三百万人以上。城乡居民收入增速超过经济增速,中等收入群体持续扩大。覆盖城乡居民的社会保障体系基本建立,人民健康和医疗

---

① 《江泽民文选》第 3 卷,人民出版社,2006,第 217 页。
② 《邓小平文选》第 2 卷,人民出版社,1994,第 208 页。
③ 胡锦涛:《坚定不移沿着中国特色社会主义道路前进 为全面建成小康社会而奋斗——在中国共产党第十八次全国代表大会上的报告》,人民出版社,2012,第 15 页。
④ 《习近平谈治国理政》第 2 卷,外文出版社,2017,第 40 页。

卫生水平大幅提高，保障性住房建设稳步推进。社会治理体系更加完善，社会大局保持稳定，国家安全全面加强。"①过去五年的成就斐然，也是扎扎实实推进共同富裕的五年。党的十九大提出了中国特色社会主义进入了新时代，这是一个不断创造美好生活、逐步实现全体人民共同富裕的时代。经过长期的努力，中央坚持以人民为中心，使共同富裕的路线图更加明显，使稳步推进共同富裕的策略得到落实。人民共同富裕迈出了坚实步伐，取得了巨大的阶段性成果，使广大人民群众有更多的获得感和幸福感，从根本上改变了人民的精神状态、党的精神状态和中华民族的精神状态，使中国价值的凝聚力不断得到提升，为新时代社会主义核心价值体系的构建提供了基础。

总之，过去的成就表明坚持共同富裕的原则自改革开放以来都是一以贯之的，是中国共产党治国理政的根本原则，这种原则本身亦是改革开放的一种根本价值导向，对塑造新时代社会主义核心价值体系具有重要意义。

二 共同富裕的价值意蕴

共同富裕既体现在党治国理政的全过程之中，又体现在社会治理的价值观念之中。共同富裕蕴含在社会主义核心价值体系的血脉之中，融入社会主义核心价值体系的精神实质和内在要求之中，融入中国特色社会主义共同理想构建之中。因此，建构新时代社会主义核心价值体系必须要立足于共同富裕的价值基石之上。

（一）社会主义核心价值体系体现共同富裕的内在要求

社会主义核心价值体系顾名思义是社会主义的核心价值体系，而不是其他什么社会的核心价值体系。社会主义核心价值体系必须体现社会主义的本质特征和内在要求。党的十七大报告指出"社会主义核心价值体系是社会主义意识形态的本质体现"，从这里可以做出如下判断，即社会主义核心价值体系是社会主义的核心价值体系，而不是别的什么主义。社会主

---

① 《决胜全面建成小康社会 夺取新时代中国特色社会主义伟大胜利——在中国共产党第十九次全国代表大会上的报告》，人民出版社，2017，第5页。

的本质在于"解放生产力,发展生产力,消灭剥削,消除两极分化,最终达到共同富裕"。也就是说,社会主义的本质是要实现共同富裕,社会主义核心价值体系毫无疑问地要体现共同富裕的价值追求。从社会主义的本质要求可以看出,社会主义核心价值体系建设从根本上说体现了共同富裕的价值内蕴。因此,改革开放以来,谈社会主义核心价值体系必须要体现共同富裕的价值要求、反映人民群众的共同价值需要,在此基础之上提炼的社会主义核心价值观,尽管有些内涵诸如自由、民主、平等、公正等价值观与西方倡导的价值观在词语上具有相同之处,但是其内涵和神韵显然不同。

毋庸置疑,社会主义与资本主义在意识形态上的重大差异必然会在核心价值体系上得到体现。社会主义意识形态在社会主义发展道路上理所当然要体现共同富裕的属性,走社会主义道路必须坚持共同富裕。但是,共同富裕既包括物质层面上的共同富裕,又包含精神境界的普遍提升,精神文化方面的共同富裕就需要实现物质文明、精神文明、政治文明、社会文明、生态文明等领域的协同发展。这就是说,过去理解共同富裕只注重物质层面的建设,而并没有把物质生产和精神生产有机统一起来。直到党的十九大才把这个问题提出并努力解决之。党的十九大报告把人民对美好生活的需要纳入社会主要矛盾的变化之中,在很大程度上看到了共同富裕不仅是物质层面的,还包含精神层面的。美好生活需要不囿于物质层面,"满足人民过上美好生活的新期待,必须提供丰富的精神食粮"[①]。美好生活的新期待在一定意义上指称共同富裕在精神层面的显现,这也是构建新时代社会主义核心价值体系的重要缘由之一。简言之,实现共同富裕不仅要解放和发展生产力,不断丰富社会的物质财富,还要不断丰富人民的精神世界,提升人民的精神境界,因而内在地需要建构新时代社会主义核心价值体系。因此,社会主义核心价值体系体现了共同富裕的价值追求。

(二) 社会主义核心价值体系为实现共同富裕提供价值引领

伟大的时代需要伟大的精神引领,在决胜全面小康社会的时代,在全

[①] 《决胜全面建成小康社会 夺取新时代中国特色社会主义伟大胜利——在中国共产党第十九次全国代表大会上的报告》,人民出版社,2017,第43—44页。

面消除贫困的伟大斗争中需要伟大的精神引领。而"社会主义核心价值观是当代中国精神的集中体现，凝结着全体人民共同的价值追求"①。从这个意义上说，当前共同富裕在精神层面的建设就是要推动新时代社会主义核心价值体系建设，不断培育和践行社会主义核心价值观，增强亲和力、凝聚力和战斗力。

事实上，我们现在只是开启了实现共同富裕的伟大征程，远未达到实现共同富裕的程度。过去，我们经常讲共同富裕只停留在观念层面，认为实现共同富裕是我们的理想，但是，现在我们不再停留在观念层面，而是在实践进程中迈进，到2020年全面消除贫困，在开启社会主义现代化强国的道路上逐渐实现共同富裕。进言之，共同富裕是在"四个伟大"中逐步推进的。因此，共同富裕绝不是轻轻松松、敲锣打鼓就能实现的，"全党必须准备付出更为艰巨、更为艰苦的努力"②，必须要经过艰苦奋斗才能实现，这就需要把社会主义核心价值体系转化为广大人民群众的精神力量，只有这样才能提神聚气、凝聚人心，共筑中国力量。

进言之，发挥社会主义核心价值体系在共同富裕伟大征程中的引领作用，首先要把社会主义核心价值体系融入社会发展的各个方面，使当代中国的社会实践真正能够体现马克思主义的指导思想、共同理想、时代精神、基本立场和基本要求。中国特色社会主义实践必须始终坚持马克思主义指导思想，这一点本来是无须讨论的问题，现在越来越得到强化。这凸显了习近平的问题意识。习近平在哲学社会科学工作座谈会上发表重要讲话，他指出："社会上也存在一些模糊甚至错误的认识。有的认为马克思主义已经过时，中国现在搞的不是马克思主义；有的说马克思主义只是一种意识形态说教，没有学术上的学理性和系统性。实际工作中，在有的领域中马克思主义被边缘化、空泛化、标签化，在一些学科中'失语'、教材中'失踪'、论坛上'失声'。这种状况必须引起我们高度重视。"③ 习近平在讲话中还谈到马克思主义被边缘化的问题，其中就内含马克思主义价值观

---

① 《决胜全面建成小康社会　夺取新时代中国特色社会主义伟大胜利——在中国共产党第十九次全国代表大会上的报告》，人民出版社，2017，第42页。
② 《决胜全面建成小康社会　夺取新时代中国特色社会主义伟大胜利——在中国共产党第十九次全国代表大会上的报告》，人民出版社，2017，第15页。
③ 《在哲学社会科学工作座谈会上的讲话》，《人民日报》2016年5月19日。

被边缘化的问题。因此，要积极推动社会主义核心价值体系融入社会发展中去，在推动治国理政过程中始终坚持马克思主义的指导地位和主导地位，防止出现一种现象：在经济社会发展过程中人民生活水平不断得到提高，但是人民对马克思主义的了解、理解和认同度没有得到提高，对中国特色社会主义的政治认同、价值认同、文化认同都不高。不管社会发展到什么程度，中国特色社会主义始终是科学社会主义，因而不能忘记马克思主义。进言之，不仅要让老百姓感觉到生活越来越美好，还要让老百姓明白，为什么生活会越来越美好，核心就是要讲清楚我们坚持了马克思主义，坚持了党的领导，在物化的世界中始终不断滋养人民群众的精神信仰。

此外，还要充分发挥社会主义核心价值体系在引领多元社会思潮方面的作用。实现共同富裕是中国共产党的奋斗目标，但是，这个目标不能完全依靠党独自来完成，而是需要广大人民群众一起，即党领导中国人民努力奋斗才能实现。共同富裕是人民群众的共同富裕，需要广大人民群众共同参与。这就需要凝聚力量，即汇聚中华力量，引导人民"心往一处想、劲往一处使"，因而必须要塑造中国价值。当前，以社会主义核心价值体系引领多元社会思潮，就是要引导人们辩证看待马克思主义与非马克思主义（含反马克思主义）、民粹主义、历史虚无主义、新自由主义、极端民族主义、分散主义、享受主义、泛娱乐主义等思潮，实事求是地分析各种社会思潮，明辨是非、明辨真善美与假恶丑，尽最大努力营造一个比较好的社会生态，避免社会生态恶化带来的行为恶化，以尽最大努力引导人们为实现共同富裕而奋斗。只有通过价值引领，才能在推动实现共同富裕的伟大实践中纠正各种思想观念上的偏差，确保新的伟大实践朝着有利于人民、服务于人民的方向发展。

三 立足共同富裕建设新时代社会 主义核心价值体系

党的十九大把推进共同富裕作为阶段性战略目标，建设新时代社会主义核心价值体系须立足于共同富裕这一目标。唯有扎根于共同富裕才能孕育出令人向往的价值观。为此，要立足于共同富裕的目标、社会本质、价值追求等方面来推动社会主义核心价值体系建设。

（一）立足作为奋斗目标的共同富裕来建设新时代社会主义核心价值体系

如前所述，共同富裕作为我们的奋斗目标，在新时代社会主义核心价值体系建设中必然要得到体现，即新时代社会主义核心价值体系要紧紧围绕实现共同富裕这一目标来建设，从而为实现共同富裕提供精神支撑和价值判断，增强核心价值的引领力。

立足共同富裕建设新时代社会主义核心价值体系首先要解决贫困问题。精神始终受到物质的纠缠，新时代社会主义核心价值体系首先要立足一定的物质基础，只有首先消除贫困，才能有价值培育的基础。贫穷是一大恶习，"一切现实的危机的最终原因，总是群众的贫穷和他们的消费受到限制"①。人民贫困制约经济社会发展，消除贫困既是党的使命，又是推动经济社会发展的重要路径。马克思曾经批判资本主义，"富有和贫穷的对立并没有在普遍的幸福中得到解决……工业在资本主义基础上的迅速发展，使劳动群众的贫穷和困苦成了社会的生存条件"②。社会主义要走向共同富裕，首先要消灭贫困，使这一问题"在普遍的幸福中得到解决"。这一点，马克思早有阐述，他指出："将出现富裕的和贫穷的经济公社，它们之间的平衡是通过居民脱离贫穷的公社而挤入富裕的公社的方法来实行的。"③ 其实这里就体现了马克思的共同富裕思想。

进言之，立足共同富裕建设新时代社会主义核心价值体系，要积极推动精准扶贫，在全民脱贫基础上夯实新时代社会主义核心价值体系的基础。党的十八大以来，以习近平为核心的党中央从战略层面推进扶贫工作，实施精准扶贫。经过几年的努力，"脱贫攻坚战取得决定性进展，六千多万贫困人口稳定脱贫，贫困发生率从百分之十点二下降到百分之四以下"④，这在人类脱贫史上具有划时代意义。从历史上看，中国人民最害怕穷，也是

---

① 《马克思恩格斯文集》第 7 卷，人民出版社，2009，第 548 页。
② 《马克思恩格斯全集》第 19 卷，人民出版社，1963，第 208 页。
③ 《马克思恩格斯全集》第 20 卷，人民出版社，1971，第 313 页。
④ 《决胜全面建成小康社会　夺取新时代中国特色社会主义伟大胜利——在中国共产党第十九次全国代表大会上的报告》，人民出版社，2017，第 5 页。

穷怕了，因此全面消除贫困是千百年来中国人民孜孜以求的梦想。中央提出 2020 年全面消除贫困，全面建成小康社会，从而使千百年来困扰人民的贫困问题得到彻底解决，从根本上终结中华民族的贫困历史，在中华民族历史上将具有里程碑意义。

邓小平指出："我们奋斗了几十年，就是为了消灭贫困。"[①]全面消除贫困是共同富裕的前提和基础，唯有全面消除贫困，让全体人民稳定脱贫，才能有更多的获得感，这是增强全体人民价值认同的基础。人民群众是否认同社会主义核心价值体系，总是跟他们的需要和实际利益密切相关，只有不断增进人民群众实实在在的利益，才能促进他们对社会的认同、对中国共产党的认同、对社会主义的认同，才能形成新时代社会主义核心价值体系的强大群众基础。

（二）立足作为社会本质的共同富裕来建设新时代社会主义核心价值体系

作为一种社会本质的共同富裕主要指称邓小平的社会主义本质论，体现了社会主义社会不同于过去一切社会制度的显著特征，也是社会主义社会最显著的价值优势。

实现共同富裕要避免两极分化，这是邓小平反复强调的。他认为："社会主义的目的就是要全国人民实现共同富裕，不是两极分化。"[②] 社会主义就是要避免两极分化，"如果我们的政策导致两极分化，我们就失败了；如果产生了什么新的资产阶级，那我们就真是走了邪路了"[③]。这就表明，判断社会主义的道路走得怎么样，即正路还是邪路，关键就看是否导致两极分化。这是对社会主义最重要的价值判断。

在社会主义改革开放过程中，如果不消除两极分化，逐渐缩小贫富差距，就无法达到共同富裕，难以实现全民富裕。"如果富的愈来愈富，穷的愈来愈穷，两极分化就会产生，而社会主义制度就应该而且能够避免两极

---

① 《邓小平文选》第 3 卷，人民出版社，1993，第 109 页。
② 《邓小平文选》第 3 卷，人民出版社，1993，第 110—111 页。
③ 《邓小平文选》第 3 卷，人民出版社，1993，第 111 页。

分化。解决的办法之一,就是使富起来的地区多交点利税,支持贫困地区发展。"①这些阐释为当前推动新时代社会主义核心价值体系提供了重要的价值判断,具有重要启示。简言之,立足共同富裕建设新时代社会主义核心价值体系必须把握两个判断:一是走共同富裕道路是社会主义的显著价值特征和价值优势;二是共同富裕是判断社会主义道路走得是否正确的最主要依据,坚持共同富裕的道路,表明社会主义走的是正路,反之则是邪路。

一方面,建设新时代社会主义核心价值体系要体现社会主义制度的价值优势。塑造新时代的社会主义核心价值体系要体现社会主义的本质特征,不断展现出社会主义制度的价值优势,这种优势,就是要消除贫困,实现共同富裕。唯有这样才能不断深化改革,推动社会生产力的发展。"贫困不等于马克思主义。以前我们犯过平均主义、吃大锅饭的错误,影响了生产力的发展。"②新时代建设社会主义核心价值体系要以史为鉴,既要革除已过时的价值观念,又要展现实现共同富裕的价值引领。社会主义制度的价值优势只有在新时代社会主义核心价值体系中有所体现,才能让人民群众接受社会主义制度,并增强对它的认同,进而引领人们积极向上、奋力进取。

另一方面,要发挥新时代社会主义核心价值体系的价值评价功能。中国共产党旗帜鲜明地阐明了不走过去的老路,也不走邪路。这是我们的政治承诺。但如何避免走过去的老路、如何避免走上邪路,在一定意义上说就是要避免坠入两极分化,要逐渐"消灭剥削,消除两极分化"。为此,必须要在价值层面上保持清醒的头脑,从根本上避免两极分化,不断增强广大人民群众的获得感,进而增强人民的价值认同。同时,也要保持清醒的头脑,及时警醒在社会主义发展道路过程中犯颠覆性错误,增强风险意识,强化对可能出现风险的预测,防患于未然。

改革开放 40 年的伟大成就,彰显中国特色社会主义制度的优越性,唯有不断增强人们对中国特色社会主义的认同感,才能有利于群众对新时代社会主义核心价值体系的认同。而且,建设新时代社会主义核心价值体系是面对全体中国人民的,其主体是全体中国人民。要得到广大人民的真心认同就必须逐渐缩小地区差异、城乡差异等,推动中国东中西部地区协同

---

① 《邓小平文选》第 3 卷,人民出版社,1993,第 374 页。
② 《邓小平思想年谱(1975—1997)》,中央文献出版社,1998,第 210 页。

发展、城乡一体化协同发展、各行各业协同发展,"让改革发展成果更多更公平惠及全体人民,朝着实现全体人民共同富裕的目标稳步迈进"①,进而为建设新时代社会主义核心价值体系提供价值基础。

(三) 立足作为价值追求的共同富裕来建设新时代社会主义核心价值体系

改革再出发,要更加重视共同富裕的价值追求。共同富裕作为一种价值追求,也是新时代社会主义核心价值体系必须体现的内容之一。追求共同富裕,在一定意义上就是把富强作为当代中国实践过程中的重要价值追求。立足共同富裕的价值之基,要把握以下几个方面的内容。

一是要树立正确的义利观。我们既定的战略是既坚持市场在资源配置中的决定性作用,又坚持实现共同富裕,这就涉及如何使二者有机统一起来的问题。这就需要一种义利观。自古以来,中国人民在长期的社会实践中形成了丰富的义利观,包括仁义礼智信、以义制利、见利思义、义利并重、反对以利弃义等。社会主义有自己的义利观,共产党人也有独特的义利观。共同富裕的价值要义是要树立正确的义利观。改革开放以来,如何引导人们,尤其是党员干部树立正确的义利观成为当务之急。要"正确对待物质利益与道德的关系、公共利益与个人利益的关系、物质利益需求和精神价值需求的关系、功利效用与志向动机的关系"②等,防止见利忘义的价值观念滋长。

共产党人义利观的核心在于全心全意为人民服务。共同富裕是全体人民的共同富裕,其利益主体是全体人民。"共产党是为民族、为人民谋利益的政党,它本身决无私利可图。它应该受人民的监督,而决不应该违背人民的意旨。它的党员应该站在民众之中,而决不应该站在民众之上。"③毛泽东阐明了共产党人的义利观,阐明其根本属性是全心全意为人民服务,这就决定了实现共同富裕必须不折不扣地体现人民的主体意志和主体利益,充分体现主人翁精神,作为执政党不能夹带"私货",不能为自己谋私利。

---

① 《习近平谈治国理政》第 2 卷,外文出版社,2017,第 52—53 页。
② 王泽应:《正确义利观的深刻内涵、价值功能与战略意义》,《求索》2014 年第 11 期。
③ 《毛泽东选集》第 3 卷,人民出版社,1991,第 809 页。

因而，要实现共同富裕的目标首先要树立正确的义利观，新时代社会主义核心价值体系建设要植根于这种义利观，才能建构与共同富裕具有根本一致性的新时代社会主义核心价值体系，才能更好地丰富人民群众精神生活。

二是要不断丰富人民的共同精神生活。立足共同富裕建设新时代社会主义核心价值体系，就是要在广大人民群众安居乐业的幸福生活中增强对新时代社会主义核心价值体系的认同。积极推动社会民主、法治、公平、正义、安全等方面的建设，不断满足人民群众的需要，让人民群众安居乐业、幸福安康，这是实现共同富裕的应有之义。中国共产党长期执政、永久执政必须要提高执政能力，推动国家治理体系和治理能力的现代化，其首要任务就是要确保人民群众能够安居乐业，为人民群众的幸福安康保驾护航。这就必须要革故鼎新，扫除各种黑恶势力，铲除黑恶势力的土壤。2018年，中共中央、国务院发出《关于开展扫黑除恶专项斗争的通知》，决定在全国开展扫黑除恶专项斗争，切实解决困扰人民群众安宁生活的黑恶势力，从根本上扫除欺行霸市、欺男霸女的各种恶劣行径，保障人民安居乐业、社会安定有序、国家长治久安，还民众一个安宁、平安的社会，不断增强人民获得感、幸福感、安全感。唯有这样，社会主义核心价值体系才能真正植根于人心，民主、法治才能真正深入人心。唯有如此，才能获得人民群众的真心拥护和支持，建设新时代社会主义核心价值体系才能获得更大认同，才能在不断实现共同富裕的伟大征程中，推动新时代社会主义核心价值体系落细、落小、落实。

【执行编辑：于　洋】

中国行政价值观的总体特征与完善路径

杨舒涵[*]

【摘　要】　行政价值观是政府的行政指南，深刻影响着政府的管理实践。行政价值观具有塑造行政主体认知、凝聚行政主体信念、引导和规范行政主体行为的功能。中国特色社会主义国家的政府行政价值观的总体特征，体现着鲜明的阶级性、人民性、成长性和一致性。进一步完善中国特色社会主义的行政价值观，要始终坚持一切以人民为中心的核心价值；贯彻落实创新、协调、绿色、开放、共享的新发展理念；正确处理政府和市场、社会的关系；建设人民满意的服务型政府。

【关键词】　行政价值观；基本功能；总体特征；实现路径

作为国家治理的重要角色，"政府对一国经济和社会发展以及这种发展能否持续下去有举足轻重的作用"[①]。作为政府管理工作的价值指南，行政价值观如同"精神的太阳"[②]，深刻地影响着政府的管理实践。随着中国特色社会主义进入新时代，全面客观地认识行政价值观，进而提升政府管理

---

[*]　杨舒涵，上海市发展和改革委员会法学博士，主要研究方向为政府管理创新。
[①]　世界银行：《1997年世界发展报告：变革世界中的政府》，中国财政经济出版社，1997，第155页。
[②]　《马克思恩格斯全集》第1卷，人民出版社，1995，第159页。

的价值理性，已经成为推动中国经济社会持续、健康和高质量发展的重要课题。

一　行政价值观及其基本功能

行政价值观是行政主体（政府）对行政客体（行政系统）实施管理实践的过程中所形成的价值追求和价值理解，通常演化并最终表现为一种相对稳定的行政理念。就其功能而言，行政价值观"对行政主体的人格起着塑造作用，对行政主体的思想、情感、言论和行动起着普遍的导向、凝聚、激励和评价作用"①。从认知—信念—行为三个层次加以分析，具体包括如下功能。

第一，行政价值观可以塑造行政主体的认知。作为公共行政价值体系中的观念性内容，行政价值观直接影响着行政主体的价值追求与实现。从进入公共行政系统开始，行政主体就要开始认识、接受，并认同一定的行政价值观，形成特定的行政人格。就像库珀说的那样："从关于'公共行政人员的政治性特性'这一假定出发，'新公共行政'的一贯做法是将负责任的行政人员界定为让自己的价值观引导自己行动的人。"② 而为了促进行政主体的价值追求符合行政管理的需要，行政系统也会主动宣传和引导行政主体去接受和认同一定的行政价值观。可以说，有什么样的行政价值观，就会有什么样的价值取向和行政人格。

第二，行政价值观可以凝聚并激励行政主体的信念。行政价值观"犹如'灵魂'渗入行政活动的各个层面，指导和规范行政活动，使行政活动各环节、各要素相互协调统一，发挥出良好的整体功能"③。对于行政主体而言，行政价值观的统一可以使主体内部的个体之间团结起来，形成有机的整体；对于行政组织而言，行政价值观的统一可以使行政体系产生强大的感召力、向心力和凝聚力。更进一步，统一的行政价值观还能够强化行

---

① 颜佳华：《行政哲学研究》，湘潭大学出版社，2009，第198页。
② 〔美〕库珀：《行政伦理学——实现行政责任的途径》，张秀琴译，中国人民大学出版社，2001，第144页。
③ 颜佳华：《行政哲学研究》，湘潭大学出版社，2009，第199页。

政主体的价值目标和追求,通过激发行政主体的情感和意志,为行政活动提供持续的精神动力。

第三,行政价值观可以指引并评价行政主体的行为。"行政价值观内在地规定着行政主体的心理取向和行为定式"①,引导着行政行为的选择。具体到行政实践活动之中,行政主体的行为选择除了受法律和事实等客观因素的约束外,主要是受自身行政价值观的支配与影响。在同样的法制和文化背景下,之所以会出现不同的行政观念与行政风格,主要是因为行政主体的行政行为选择与判断通常会受自身价值标准的影响,特别是在行政自由裁量权较大的情况下,行政价值观的导向作用就会突显出来。作为行政主体行为选择的准则,行政价值观如同"头上的星空和内心的道德法则"②深刻影响并引导着行政主体的行为取向和结果。而在行政系统内部,"行政价值观念作为一种评价体系,内涵着行政价值标准"③。它构成了人们对待公共行政的态度和取舍事物的标准,调节着行政主体的行政行为与行政组织之间的关系。"一方面,使行政主体对行政活动,对自己的行为的是非功过、优劣强弱、得失利弊、真假美丑等,做出衡量或评判;另一方面,又使行政主体在行政活动中自觉调控自身行为和活动方式,自觉调整行政主体之间,以及行政主体内外部之间的相互关系,纠正不符合行政价值标准的偏差,激励符合行政价值标准要求的行为"④,最终实现行政组织的发展目标。

作为行政活动的出发点和最终归宿,行政价值观对政府的管理实践具有重要的价值导向和价值规范作用,深刻影响着政府管理的全过程。

二 中国行政价值观的总体特征

始于 1978 年的改革开放历经了"四十年的光辉历程","从开启新时期到跨入新世纪,从站上新起点到进入新时代"⑤,随着中国社会、经济、政

---

① 颜佳华:《行政哲学研究》,湘潭大学出版社,2009,第 198 页。
② 〔德〕康德:《实践理性批判》,邓小芒译,商务印书馆,2015,第 164 页。
③ 颜佳华:《行政哲学研究》,湘潭大学出版社,2009,第 199 页。
④ 颜佳华:《行政哲学研究》,湘潭大学出版社,2009,第 199 页。
⑤ 《在庆祝改革开放四十周年大会上的讲话》,《解放日报》2018 年 12 月 18 日。

治、文化形式的不断发展变化，中国的行政价值观也始终处于不断演进的进程之中，并呈现出以人民为中心的基本特征和不断发展完善的总体趋势。

（一）行政价值观的阶级性与人民性

根据马克思主义国家观，政府实施行政行为的内在价值取向在于维护阶级统治和实现阶级利益，因此，行政价值观必然是统治阶级意志的集中体现，代表了统治阶级的根本利益，具有鲜明的阶级性。在《共产党宣言》中，马克思提出："过去的一切运动都是少数人的或者为少数人谋利益的运动。无产阶级的运动是绝大多数人的、为绝大多数人谋利益的独立的运动。"① 可以说，以维护少数资产阶级利益为目标还是以维护广大无产阶级和人民群众利益为目标，是中西方行政价值观的本质区别。无论国家处于哪个历史阶段或者行政主体具有何种意识形态，阶级性都将贯穿行政价值观的始终，并深刻地影响其核心价值取向。

中国作为人民民主专政国家，社会主义本质决定了中国政府的核心价值追求始终是"一切为了人民"。无论是在核心理念上，还是具体表现形式上，中国的行政价值观都始终坚持以人民为中心，一切为了人民。改革初期，政府从人民需求出发，大力发展生产力，着力解决人民的温饱问题。随着改革开放的持续推进，中国的生产力水平明显提高，人民群众的自我认知和自我实现需求日益显现，政府开始注重人民的政治、经济、文化和社会需求，提供更加优良的社会公共服务和物质文化生活。随着中国特色社会主义进入新时代，人民对美好生活的向往更加强烈，人民需求呈现多样化、多层次、多方面的特点，政府则更加关注如何提供"更好的教育、更稳定的工作、更满意的收入、更可靠的社会保障、更高水平的医疗卫生服务、更舒适的居住条件、更优美的环境、更丰富的精神文化生活"②。可以说，无论处在改革开放的哪个阶段，人民拥护不拥护、赞成不赞成、高兴不高兴都是政府制定政策的主要依据。

在此过程中，中国政府也尤其注重将人民作为社会发展、国家安定团结的坚强后盾和中坚力量，树立群众观点，坚持群众路线，从人民群众的

---

① 《共产党宣言》，人民出版社，1997，第38—39页。
② 《习近平谈治国理政》第1卷，外文出版社，2014，第14页。

实践创造中汲取智慧和力量，激励全国人民共同投身改革开放、国家发展和民族振兴的事业之中。作为中国行政价值观的核心理念，坚持人民的主体地位既符合马克思主义唯物史观，也传承着中国千年传统文化的精髓。马克思主义唯物史观认为，人民群众是历史的创造者，对于推动历史向前发展具有不可替代的决定性作用。坚持以人民为主体，是马克思主义的基本观点。结合中国传统文化中"民为邦本"的重要思想，中国共产党自成立以来，就秉持着热爱人民、服务人民的重要方针，将全心全意为人民服务作为党的基本宗旨。新中国成立后，特别是改革开放以来，经过几代国家领导人的持续推动与发展，以人民为主体的执政理念进一步丰满并不断落实到党和政府的工作实践中。

（二）行政价值观的成长性与一致性

改革开放以来的中国特色社会主义行政价值观，随着社会、经济、政治、文化形式的不断发展变化，始终处于不断演进的进程中，但无论怎样变化，其核心价值不会变，并统一于共产党一切为了人民的奋斗宗旨和社会主义的本质要求。

正如马克思在《共产党宣言》中指出的那样："人们的观念、观点和概念，一句话，人们的意识，随着人们的生活条件、人们的社会关系、人们的社会存在的改变而改变。"[①] 行政价值观是上层建筑思想意识形态的重要组成部分，因此，它的发展演进也不可避免地深受社会经济发展的影响，不同历史时期的经济社会形势变化，以及社会主要矛盾的转变，决定不同时期的行政价值观以及与此相对应的行政政策导向各有不同，这是马克思主义物质运动规律的集中体现。由于社会存在决定社会意识，社会意识反作用于社会存在，作为社会经济形态的产物和政府管理的思想内核，行政价值观的发展演进深受社会经济发展的影响，特别是社会主要矛盾的转变直接影响着行政价值观以及与此相对应的行政政策的导向。

改革开放以来，中国的主要矛盾发生了两次重大转变。第一次是从新中国成立初期党的八大提出的"我们国内的主要矛盾，已经是人民对于建

[①] 《马克思恩格斯全集》第 1 卷，人民出版社，1995，第 291 页。

立先进的工业国的要求同落后的农业国的现实之间的矛盾,已经是人民对于经济文化迅速发展的需要同当前经济文化不能满足人民需要的状况之间的矛盾"①,以及八届三中全会提出的"无产阶级同资产阶级的矛盾,社会主义道路和资本主义道路的矛盾"② 转变为改革开放初期党的十一届六中全会概括的"人民日益增长的物质文化需要同落后的社会生产之间的矛盾"。这次转变为国家的工作重心从阶级斗争转向经济建设提供理论前提和客观依据。由于当时中国的经济发展水平十分落后,生活资料严重匮乏,解决温饱问题和获取物质财富便成为首要价值目标,围绕这一目标,中国确定了以经济建设为中心的总任务。

第二次转变是党的十九大对中国社会主要矛盾作出新的判断:"我国社会主要矛盾已经转化为人民日益增长的美好生活需要和不平衡不充分的发展之间的矛盾。"③ 这一判断的提出,主要是基于中国经济快速发展的大背景。经过改革开放近40年的快速发展,中国社会主要矛盾的两个方面都发生了深刻变化。从人民需要看,中国已经解决了十几亿人的温饱问题,进入即将实现全面建成小康社会的发展新阶段。当前,人民生活水平全面提高,经济增长和物质安全已经不再是价值优选,人民群众的现实需求开始转向最大限度地提高生活质量、追求个人自由,以及享有绿色健康生活等,概而言之就是对美好生活的向往。从社会生产看,中国已经走出"落后生产力"的困境,社会生产力水平显著提高,经济实力、科技实力、国防实力、综合国力都进入世界前列。当前,更加突出的问题是发展的不平衡不充分问题,比如,中国的创新能力还不够强,发展的质量还不够高,生态环境保护的力度还不够大,脱贫攻坚的任务依然艰巨,城乡差距、区域发展和收入分配差距依然较大,教育、医疗、就业、养老、居住等领域还存在不少难题。这些都是影响人民美好生活的主要因素。由于主要矛盾的"存在和发展规定或影响着其他矛盾的存在和发展"④,"捉住了这个主要矛

---

① 《中国共产党历史》第 2 卷上,中共党史出版社,2011,第 396 页。
② 陈述:《中国特色社会主义进入新时代的主要依据——回顾中国共产党历史上对社会主要矛盾的六次判断》,《紫光阁》2017 年第 11 期。
③ 《决胜全面建成小康社会 夺取新时代中国特色社会主义伟大胜利——在中国共产党第十九次全国代表大会上的报告》,人民出版社,2017,第 11 页。
④ 《毛泽东选集》第 1 卷,人民出版社,1991,第 320 页。

盾，一切问题就迎刃而解了"①。因此，中国的行政价值观，进一步聚焦人民日益增长的美好生活需要和不平衡不充分的发展之间的矛盾，提出统筹推进经济、政治、社会、文化、生态等各个方面，力求以更加全面、均衡的发展来更好地满足全体人民多方位、多层次的需求。

可以说，伴随着改革开放的不断深入，中国的行政价值观表现出持续的成长性。行政价值观的关注重点从改革初期以经济为中心，逐渐拓展到经济、政治、文化"三位一体"和经济、政治、文化、社会"四位一体"，并进一步拓展到经济、政治、文化、社会、生态"五位一体"。在融合了几代领导集体所倡导的价值理念后，当前，中国已经形成了一个以马克思主义为指导思想，以为人民服务为核心理念，以创新、协调、绿色、开放、共享为具体表现，覆盖经济、政治、文化、社会、生态等各个方面的行政价值观体系。不仅价值维度更加多元，覆盖的领域也更加全面，体现了政府管理理念在理论和实践探索中不断深化、发展和进步的总体趋势。

在此基础上，中国行政价值观的演进也表现出高度的一致性。事实上，改革开放以来的中国行政价值观演进，集中体现着中国特色社会主义的本质要求。从发展生产力，到社会和谐、可持续发展一直到经济、政治、社会、文化、生态"五位一体"总体布局，各不同历史阶段的行政价值观演化，是经济、社会形式不断变化的结果，但价值观的核心没有变，只是政策关注的重心有所变化。中国作为社会主义国家的本质决定了中国行政价值观的核心理念以及政策终极指向，始终都保持着高度的一致性，即把"一切为了人民"作为唯一价值追求。

三 中国行政价值观的完善路径

以人民为中心，全心全意为人民服务，不断促进人的自由全面发展是中国政府的核心价值追求，是促进新时代背景下行政价值观的完善的最高指引。围绕这一价值目标，中国政府在完善行政价值观的过程中应当始终坚持以人民为中心的价值观追求，持续推进行政价值观的全面落实。

---

① 《毛泽东选集》第1卷，人民出版社，1991，第322页。

（一）始终坚持以人民为中心的发展思想

发展为了谁，发展成果由谁享有，是行政价值观建设重点需要解决的问题。依据马克思主义唯物史观，人民群众是社会实践的主体和人类历史的创造者。马克思主义的精髓之一就是一切为了群众、一切依靠群众。因此，完善行政价值观应当始终坚持"以人民为中心的发展思想，把改善人民生活、增进人民福祉作为出发点和落脚点，在人民中寻找发展动力、依靠人民推动发展、使发展造福人民"①。

一方面要树立人民利益高于一切的责任意识和政绩观，把为人民谋幸福作为治国理政的首要目标，把人民是否得到实惠、人民生活是否得到改善作为检验政府工作的最高标准，着眼于满足人民日益增长的美好生活需要，切实解决好发展不平衡不充分的问题，推动改革成果更多更公平地惠及全体人民，让广大人民群众在一项项具体的政策落实和一个个具体的困难解决中感受到当家作主的地位。特别是要充分认识经济增长归根结底是为了实现人的自由而全面的发展，而不是一味追求增长的速度。只有贯彻全心全意为人民服务的核心价值理念，守住一切发展都是为了人的发展这一根本价值和初心，才能避免行政价值观的物化和异化。

另一方面要坚持群众路线，保持党同人民群众的血肉联系，牢记"人民立场是中国共产党的根本政治立场，是马克思主义政党区别于其他政党的显著标志。党与人民风雨同舟、生死与共，始终保持血肉联系，是党战胜一切困难和风险的根本保证"②。同时，要充分认识"人民是历史的创造者，群众是真正的英雄"③，尊重人民群众的主体地位和首创精神，问计问需于民，倾听群众呼声，尊重群众诉求，接受群众监督，团结带领广大人民积极探索真正属于中国人民自己的发展道路。

（二）积极践行创新、协调、绿色、开放、共享的新发展理念

发展是执政兴国的第一要务。新时代中国特色社会主义思想以创新、

---

① 《习近平谈治国理政》第2卷，外文出版社，2017，第483页。
② 《习近平谈治国理政》第2卷，外文出版社，2017，第40页。
③ 《习近平谈治国理政》第2卷，外文出版社，2017，第43页。

协调、绿色、开放、共享五大发展理念为破解发展难题、增强发展动力的"指挥棒和红绿灯",为如何适应经济新常态,实现更高质量、更有效率、更加公平和更可持续的发展提供了战略指引,也为行政价值观的发展完善提供了理念支撑。

创新的价值指向是高质量和高效率。依据经济发展的一般规律,当投资增速下降和有效需求不足时,技术进步等创新要素将成为经济发展的动力。前期,中国经济的快速增长主要依赖投资、大量资源消耗和廉价劳动力等要素驱动,发展方式较为粗放,发展代价较为高昂。为了进一步提高发展的质量和效益,就必须转变发展方式,将创新作为引领发展的第一动力,"从培育发展新动力、拓展发展新空间、深入实施创新驱动发展战略、大力推进农业现代化、构建产业新体系、构建发展新体制、创新和完善宏观调控方式7个方面"① 推进创新发展。特别是要"以世界科技前沿为基准,大力加强基础研究,突破前瞻性基础研究,取得原创成果,加强基础研究的应用以及一些重点技术如共性、前沿、引领、现代工程、颠覆性等技术的创新性研究和发展,加强国家创新体系建设,深化科技体制改革,营造创新的文化氛围,培养和造就大批战略性科技人才"②。

协调的价值指向是经济社会的全面均衡。生产力和生产关系相适应的具体体现就是经济发展与社会发展相协调。当前中国社会发展面临着城乡差距较大、区域发展不平衡,以及经济发展领先于社会发展等问题,亟须加强统筹、补齐短板,提高发展的整体性和协调性。体现在具体工作中就是要坚持区域协同、城乡一体、物质文明与精神文明并重、经济建设与社会发展相融合。特别是要更加关注社会的协调发展问题,始终把人民的利益置于至高无上的地位,以造福全体人民为最终目标,"不断满足人民日益增长的美好生活需要,不断促进社会公平正义,形成有效的社会治理、良好的社会秩序,使人民获得感、幸福感、安全感更加充实、更有保障、更可持续"③。

绿色的价值指向是人与自然的和谐共生。马克思主义认为,人类作为

---

① 《习近平谈治国理政》第 2 卷,外文出版社,2017,第 198 页。
② 《决胜全面建成小康社会 夺取新时代中国特色社会主义伟大胜利——在中国共产党第十九次全国代表大会上的报告》,人民出版社,2017,第 31 页。
③ 《决胜全面建成小康社会 夺取新时代中国特色社会主义伟大胜利——在中国共产党第十九次全国代表大会上的报告》,人民出版社,2017,第 45 页。

自然界的一部分，同时又把自然界作为实践的对象和获取生存资料的来源；自然界受到破坏，人类轻则失去赖以生存的物质基础与前提，重则面临灭亡的威胁。① 当前，中国"面对资源约束趋紧、环境污染严重、生态系统退化的严峻形势"②，绿色发展理念的提出就是要解决人与自然和谐问题。体现在具体行动中就是要充分认识到"人与自然是生命的共同体"，尊重自然、顺应自然、保护自然，不以牺牲自然资源和生态环境为发展的代价，同时加强生态文明建设，推动形成绿色的产业结构、发展方式和生活方式，在实现自然永续发展的基础上，为人民提供更多优质、健康的生态产品，建设美丽中国。

开放的价值指向是合作与共赢。中国当前的问题"不是要不要对外开放，而是如何提高对外开放的质量和发展的内外联动性"③。尽管近年来部分发达国家逆全球化的思潮不断抬头，对世界贸易秩序和政治秩序带来严峻挑战，但和平与发展仍是时代的主题，经济全球化仍是"我们谋划发展所要面对的时代潮流"④。只有秉承合作共赢的发展战略，坚持对外开放并不断扩大对外开放，才能深度融入全球化发展进程，实现中国及世界各国的共同发展。

共享的价值指向是社会的公平正义。当前中国经济发展的"蛋糕"不断做大，也先后出台了多项涉及教育、医疗卫生、公共服务、社会保障以及精准扶贫等的政策制度，用以提升人民群众的幸福感和获得感，但分配不公问题仍然存在，收入差距、城乡区域公共服务水平差距也比较大。共享理念就是要解决社会的公平正义问题，增强人民群众的福祉。体现在具体工作中就是要"按照人人参与、人人尽力、人人享有的要求，坚守底线、突出重点、完善制度、引导预期，注重机会公平，着力保障基本民生"⑤。

（三）加快转变政府职能，妥善处理政府、市场和社会的关系

转变政府职能，"实质上要解决的是政府应该做什么、不应该做什么，

---

① 《马克思恩格斯全集》第 3 卷，人民出版社，1998，第 78 页。
② 《胡锦涛文选》第 3 卷，人民出版社，2016，第 644 页。
③ 《习近平谈治国理政》第 2 卷，外文出版社，2017，第 199 页。
④ 《习近平谈治国理政》第 2 卷，外文出版社，2017，第 210 页。
⑤ 《习近平谈治国理政》第 2 卷，外文出版社，2017，第 79 页。

重点是政府、市场、社会的关系,即哪些事应该由市场、社会、政府各自分担,哪些事应该由三者共同承担"①。改革开放 40 年来,中国从实行高度集中的计划经济到提出"计划经济为主,市场调节为辅","有计划的商品经济",正式确立"社会主义市场经济",再到明确提出"发挥市场配置资源的决定性作用",政府定位逐渐从"全能型"的无限政府转向服务为主的有限政府,市场活力也得到了有效释放。

进一步完善行政价值观就是要延续和发展"放开搞活"的市场化价值取向,推动政府由封闭转向开放,由保守转向创新,由强制性、管理性转向社会性、服务性。首先,要进一步相信市场的力量和作用。市场是配置资源最有效率的形式。政府公共权力的行使要进一步适应中国特色社会主义市场经济发展的需要,最大限度地减少政府对市场资源的直接配置,最大限度减少政府对市场活动的直接干预,把大量不该管的事项交给市场或社会,充分尊重"看不见的手",强化市场意识,完善市场机制,做到政府职责不越位、不缺位,为市场机制的有效、规范、健康运行创造条件。其次,要进一步提高政府的事中事后监管能力,提升政务服务。以便民利民为原则,持续深入地推进"放管服"改革,进一步清理和减少政府审批事项,对于确实需要保留的事项要压缩审批时间。探索推进投资项目承诺改革,优化审批流程,由政府负责定标准、强监管,企业自主承诺并遵守,通过诚信体系建设加以监督和约束,最终实现"零审批"。探索推进"证照分离""最多跑一次""不见面审批""一门式一网式"等政务服务,创新行政管理方式,推动政务服务向开放畅通、简洁高效转变。同时,加快打造国际一流、公平竞争的营商环境,进一步为群众和企业办事提供便利,激发市场活力。最后,要进一步培育和发挥社会组织的作用。打破传统的"大政府,小社会"管理模式,通过加大培育扶持力度、加强监管引导等方式鼓励支持社会组织建设。适度放宽社会组织的发展空间和范围,有效发挥其在环保、教育、妇女儿童保护、社会公共服务等领域的重要作用,促进形成政府和社会组织的良好合作与互动,提升社会自治的能力。

只有妥善处理好政府、市场与社会的关系,把该放的权力放掉,把该

---

① 《习近平总书记系列重要讲话读本》,人民出版社,2016,第 176 页。

管的事务管好，政府的行政价值观建设才能真正体现市场化和服务化的价值取向，为经济社会发展创造良好的环境。

（四）维护人民群众根本利益，建设"人民满意的服务型政府"①

"服务型政府是以社会发展和人民群众的共同利益为出发点，以为人民服务为宗旨并承担相应服务职责的现代政府治理模式。"② 改革开放 40 年来，中国先后提出"建立办事高效、运转协调、行为规范的行政管理体系，提高为人民服务水平"③ "建设服务型政府，强化社会管理和公共服务职能"④ 等目标任务。党的十九大正式提出"建设人民满意的服务型政府"，进一步凸显了中国政府以人民为中心的核心价值理念，服务型政府建设不断深入推进。

进一步完善行政价值观就是要继承和发扬以人民为中心的服务化价值取向，不断超越传统政府封闭运作、效率优先的管制型管理思维，从真正维护最广大人民群众的根本利益出发，提升政府服务质量，带领人民群众不断创造美好生活。首先，要进一步加强政府的公共服务和社会管理职能。重点加强生态环保、基础教育、卫生健康、医疗保障、就业服务、公共安全等重点领域的工作力度，不断加大公共财政投入，扩大基本公共服务供给范围，推动建立更为公平、更可持续的公共服务体系和社会保障制度。其次，要进一步提高政府的公共服务能力。从人民群众关心的事项做起，把人民满意与否作为评判政策制定是否公平合理、政府管理是否科学有效的最高标准，立足公共利益，维护公共秩序，切实提高人民群众的满意度和获得感。制定和实施公共政策是政府行使公共权力的主要方式，这一过程要尤其关注人民群众的共同利益，并将这种关注贯穿于政府决策的全过程——政策制定阶段，要通过广泛收集、整合人民意愿来确定需要重点关注的决策问题并分析论证解决方案；政策实施阶段，要重视与社会公众互动并对方案进行修正，以保持决策目标不偏移。由于"规则（程序）正义

---

① 《决胜全面建成小康社会 夺取新时代中国特色社会主义伟大胜利——在中国共产党第十九次全国代表大会上的报告》，人民出版社，2017，第 39 页。
② 任勇：《服务型政府建设在改革开放中深入推进》，《人民日报》2018 年 9 月 9 日。
③ 《十五大以来重要文献选编》（上），人民出版社，2000，第 33 页。
④ 《十六大以来重要文献选编》（下），人民出版社，2008，第 663 页。

是由实质正义所决定的,实质正义是判断程序正义的核心标准"[①],因此,政府在制定和实施公共政策时还要关注政策的综合效果,既重视发展的速度也重视发展的质量,既注重经济建设也注重社会发展和民生改善,通过建立资源共享平台,创造开放透明的发展空间等方式,促进资源和成果的共享,合理保障社会各阶层人民的根本利益。最后,要进一步拓宽人民群众参与政府决策的范围和渠道。打破传统政府封闭决策的管理模式,探索建立更加透明、开放的政务服务体系,激发人民群众政治参与的积极性,使公共政策的制定最大限度地体现公共意志。特别是要善于运用新的技术手段,通过"互联网+政务服务"的模式,加强政务信息共享,提高政府服务的透明度和公信力。

民之所望,施政所向。只有把解决好人民群众最关心的现实问题放在首要位置,强化服务职能,优化服务质量,建设人民满意的服务政府,政府的行政价值观建设才能真正落到实处。

【执行编辑:刘　冰】

---

① 李建华:《公共政策程序正义及其价值》,《中国社会科学》2009年第1期。

《神圣家族》伦理思想的特质*

任帅军**

【摘　要】《神圣家族》确立了马克思恩格斯整体伦理思想的初步形态。关注生活主体及其现实生活是《神圣家族》的价值立场。研究人的伦理道德就要研究人的现实生活。对现实生活中人的生活条件的道德关注和价值批判,是《神圣家族》的伦理旨趣。立足现实生活中的物质利益是《神圣家族》的伦理原则。伦理道德建立在物质利益的基础之上。市民社会是依靠人与人之间的物质利益建立起来的伦理实体。市民社会中的生活主体是最高的道德主体。《神圣家族》的整体伦理思想是,批判资本主义社会无法解决无产阶级普遍贫困的生活状况,无法实现无产阶级要求改变非人性生活条件的现实要求。《神圣家族》在马克思恩格斯的整体伦理思想中起到了承上启下的作用。马克思和恩格斯通过关注人在现实生活中的物质利益,转向了生活伦理的研究。让人过更好的生活,是马克思恩格斯整体伦理思想的理论基石。

【关键词】《神圣家族》;生活;物质利益;伦理;道德

---

* 本文系上海市哲学社会科学规划青年课题"人权价值的生活实现问题研究"(2016EKS006)、复旦大学马克思主义发展史学科提升项目"《神圣家族》:文本逻辑与思想内涵(XWH6064203)"的研究性成果。

** 任帅军,复旦大学马克思主义学院讲师,主要研究方向为《神圣家族》文本研究、社会主义核心价值观、人权价值、法律评价等。

马克思和恩格斯在《神圣家族》中的伦理道德思想,应作为马克思恩格斯整体伦理思想的初步形态。他们批判了青年黑格尔派的思辨唯心主义道德观,肯定了爱尔维修从感性出发对道德的论述,还提出重视人的物质利益的生活伦理道德主张。他们认为,人的道德并非源自自我意识,而是产生于人的生活之中。人作为生活主体以物质利益为纽带,形成了人与人之间的伦理道德关系。这表明,马克思和恩格斯是从生活视阈来解读人的伦理道德问题的。无产阶级普遍贫困的生活现状告诉他们,既不能抽象地争论道德问题,也不能把道德问题仅仅理解为一个纯粹的道德问题。人的道德问题本质上是一个现实生活问题。通过梳理《神圣家族》中伦理思想的特质,可以对正处于思想转型期的马克思恩格斯如何对待人的道德问题有一个直观和准确的把握,进而为研究马克思恩格斯的整体伦理思想提供一个不可或缺的理论视角。

一 关注生活主体及其现实生活是《神圣家族》的价值立场

生活是道德的基础。在关于道德与生活的认识上,人类并非一开始就有一个清晰而正确的认识。在人类伦理道德发展史上,有许多思想家总是竭力在现实生活中划分出道德领域,就道德谈论道德,从而建立纯粹、系统的道德体系。这样的逻辑推论忽视了道德的生活维度。用这样的道德来指导现实生活中的人,就是在用抽象的道德剪裁生活,就会发生道德与生活的对立情况。马克思和恩格斯在《神圣家族》中,批判了这种用道德遮蔽生活的做法。他们批判鲍威尔等青年黑格尔派,指出其沉浸在自我意识的思辨唯心主义当中,试图用抽象的道德观念取代现实生活中的人。马克思和恩格斯通过青年黑格尔派对法国作家欧仁·苏的小说《巴黎的秘密》一书的评论,揭露了鲍威尔等人所鼓吹的道德救赎理论的抽象性和虚伪性,以及基督教宗教思想的欺骗性和强制性。他们认为,人的道德是建立在人的生活这一基础之上。伦理道德如果不反映现实生活,不仅无法指导现实生活,而且还会与现实生活本末倒置,导致伦理道德因无法实现而流于虚妄。他们对青年黑格尔派的伦理道德研究路径进行了无情的批判,提出从人的生活出发探讨伦理道德的研究范式,从而把解决人的生活问题作为研究伦理道德的价值原则。这样就在价值立场上确立了人的生活在伦理道德中的核心地位。

对道德主体的不同理解,反映出不同伦理道德思想的主张和观点。在《巴黎的秘密》一书中,鲁道夫公爵企图用抽象的基督教教义来改造底层群众身上的罪恶,反而使这些人失去了现实生活中的自我。但是,鼓吹这一文学形象的青年黑格尔派,对欧仁·苏建构的鲁道夫形象大加赞扬,反映出他们无视现实的人在现实生活中的实际境遇,无视人的七情六欲和真实的需要,无视人在生活中的矛盾和利益冲突,而是以伦理道德的捍卫者自居,随意地批判处于社会底层的群众,放大自己对他人和生活的规训作用,从而产生虚假的道德教化者与真实的日常生活者的形象冲突。在这里,马克思和恩格斯区分了三种不同的道德主体。第一种是以青年黑格尔派为代表的观念主体;第二种是以爱尔维修为代表的感性主体;第三种是马克思和恩格斯所主张的生活主体。马克思和恩格斯反对青年黑格尔派抽象地谈论道德主体,而主张从现实生活入手来考察道德主体的存在方式,从而得出通过改变人的生活条件来实现人的尊严和幸福的价值立场。

其一,马克思和恩格斯批判了青年黑格尔派把人抽象为观念主体的做法。在青年黑格尔派看来,鲁道夫这个文学形象就是"自我意识"在人身上的集中表达。鲁道夫对他在巴黎遇到的底层群众施以仁慈之手不是为了解救他们,而是要用自己的道德绑架他们。鲁道夫将塞西莉从种植园手中解救出来不是基于同情,而是基于他的抽象的道德救赎。当他发现塞西莉在生活上不检点的时候,就对她实施终身监禁。同样,他将玛丽花从黑恶势力中解救出来也不是要真正解放她,而是要把她改造成信仰基督教的修女,为此不惜让她死在修道院里。鲁道夫认为,对这些满身都是罪恶的人的救赎,主要是改变他们的观念和思想。但是,他看不到这些人的罪恶不是他们天生就有的,而是因为他们身处社会底层。这样就会发现,青年黑格尔派完全看不到产生道德的生活基础,却鼓吹鲁道夫的行为拯救了这些人并推动了社会的进步。在这里,马克思和恩格斯讽刺了这种把人抽象为观念主体,并用观念主体代替现实的人的做法。他们对这种使现实的人通过抽象观念上的道德救赎成为观念主体的做法进行了批判。他们批判青年黑格尔派把人的解放归结为观念上的解放，通过改变人的观念就能实现人的解放，进而使人成为道德主体。这种做法夸大了观念对人的作用，不是使观念成为人的观念，而是使人成为观念的人，造成了观念对人的遮蔽。这种逻辑的归宿是，拥有观念的人是"自我意识"在人世间的代表，是推动人类历史发展和进步的少数精英，是真正的道德主体。很显然，这是一种英雄创造历史的唯心主义历史观。

其二，马克思和恩格斯肯定了爱尔维修从感性出发来考察人的存在方式。爱尔维修承继洛克的感觉经验论，把洛克的这一唯物主义思想放到社会生活中来考察，从而确立了感性主体在社会生活中的地位。马克思和恩格斯在书中这样评价了他，"爱尔维修同样也是以洛克的学说为出发点的，在他那里唯物主义获得了真正法国的性质。爱尔维修立即把唯物主义运用到社会生活方面。感性的特性和自尊、享乐和正确理解的个人利益，是全部道德的基础。人的智力的天然平等、理性的进步和工业的进步的一致、人的天然的善良和教育的万能，这就是他的体系中的几个主要因素"[①]。爱尔维修告诉我们，社会生活造就了作为感性主体的人。人在社会生活中是以感性的方式存在的。这种感性就体现在享乐上面，体现在正确理解的个人利益方面。人在现实生活中的利益才是他全部道德的基础，这就表达了他的唯物主义伦理观的立场。他相信，人的道德水平会随着教育水平的提升、工业社会的进步，以及人的智力的发展而不断上升。这就为马克思和恩格斯思考未来社会提供了一种现实的思想参考。爱尔维修是马克思和恩格斯伦理思想转变过程中的重要理论环节。他既否定了青年黑格尔派从抽象的观念出发理解人的做法，又肯定了人的道德离不开生活环境的熏陶。这就启示马克思和恩格斯直接把人看成现实生活的人。

其三，马克思和恩格斯从人在现实生活中的社会关系出发考察人的道德。马克思和恩格斯是通过关注现实生活中的人，从而确立人在现实生活中的道德主体的地位。这个道德主体不是抽象的观念主体，仅仅存在于抽

---

① 《马克思恩格斯文集》第 1 卷，人民出版社，2009，第 333 页。

象的观念世界当中；也不是以纯粹动物的感性方式而展开的存在，而是在他所面对的现实生活条件中展开自身的物质需要和利益追求，并能不断实现自己发展和进步的人。他们认为，只有作为生活主体的人才能真正成为道德上的主体。人的道德是建立在现实生活中的物质利益基础之上的。离开利益来谈论道德，是一种不顾人的现实物质利益而抽象、空洞和虚伪谈论道德的欺骗手段。恩格斯就以谷物法的废除体现了英国工人的利益，从而复苏了英国的工商业，加强了英国和殖民地市场的经济往来，来说明物质利益的实现对人的生存方式所带来的巨大改变；同时也说明了无产阶级作为革命力量通过争取自身的现实利益所体现出来的历史进步性。这样一来，青年黑格尔派宣扬用自我意识取代生活主体的唯心主义观点，以及宣扬少数精英的道德观念、否定人民群众创造历史的唯心主义思想就被马克思和恩格斯予以批判了。

从对观念主体的批判，到对感性主体的肯定，再到提出生活主体，马克思和恩格斯认为，研究人的本质就要研究人的现实生活，人的本质是建立在现实生活的基础之上的。他们在这一时期认为，对现实生活中人的生活条件的道德关注和价值批判，是衡量一切思想和理论是否具有现实生命力的根本标志。然而，有些学者仅仅从意识形态的视角来对待马克思和恩格斯在《神圣家族》中所表达出来的道德愤怒，认为"在把道德本质看作是一种意识形态形式的马克思主义那里，也不可能存在一种道德信念的客观体系"①。马克思和恩格斯确实没有一本纯粹地建立了一种道德信念客观体系的伦理学著作，但是，这并不能表明他们没有一种道德信念的客观体系。他们通过批判青年黑格尔派的道德主张，通过揭露资产阶级社会人与人之间的异化关系，并在《神圣家族》中为无产阶级消除普遍贫困生活寻找解决的路径，表明马克思和恩格斯已经初步确立了自己为无产阶级谋利益、谋福祉的价值立场，从而为他们在后来的一系列理论著作中更加旗帜鲜明地贯彻历史唯物主义的道德主张奠定了理论基础。

---

① 〔美〕约瑟夫·P. 德马科等编《现代世界伦理学新趋向》，石毓彬等译，中国青年出版社，1990，第117页。

二 立足现实生活中的物质利益是《神圣家族》的伦理原则

利益是生活的核心内容。马克思和恩格斯并非一开始就从利益的切入口来理解生活。《莱茵报》不仅成为早期的马克思从校园走向社会的转折点，而且成为他观察社会问题的一扇窗口。他通过撰写《评普鲁士最近的书报检查令》《关于林木盗窃法的辩论》等政论性文章，开始对现实生活中所涉及的利益问题进行关注。虽然此时的马克思仍深受黑格尔思想的影响，提出"道德是一种本身神圣的独立领域"①，但他发现大量的社会问题都与现实生活中的物质利益有关，"第一次遇到要对所谓物质利益发表意见的难事"②。他意识到，不同的阶级对新闻出版自由的态度、对影响生活条件的物质利益的立场等都不一样。他发现，决定这些底层群众道德选择的价值判断恰恰与影响他们现实生活的物质利益存在密不可分的联系。他和恩格斯从此时起，就开始长达 40 多年对资本主义现实生活的批判。他们认为，现实生活中的物质利益是理解资本主义社会道德观念的核心线索。在《神圣家族》中，他们对资本家通过占有私有财产来奴役无产阶级，使后者长期处于普遍贫困的生活状态之中的批判，就是在否定青年黑格尔派对推崇鲁道夫这种道德形象的构建。马克思和恩格斯用事实告诉我们，道德不是建立在观念的流沙上，而是建立在利益的基础之上。

马克思和恩格斯通过对黑格尔"国家是最高的伦理实体"的批判，逐渐形成了市民社会中的生活主体才是现实的伦理实体的判断。青年黑格尔派之所以推崇道德观念，来源于被黑格尔颠倒了的市民社会与伦理国家的关系的论述。黑格尔认为国家是一种伦理存在形式，是客观精神在现实生活中的外在形式，决定着市民社会的发展和走向。他认为，客观精神在人世间需要经历三个伦理阶段，依次是家庭、市民社会和国家。家庭是依靠血缘关系建立起来的自然伦理实体；市民社会是依靠人与人之间的物质利益建立起来的伦理实体；国家是体现客观精神的普遍意志而形成的伦理实

---

① 《马克思恩格斯全集》第 1 卷，人民出版社，1995，第 119 页。
② 《马克思恩格斯全集》第 2 卷，人民出版社，1995，第 31 页。

体，是伦理观念的最高的实现阶段。然而，《莱茵报》期间的工作经历让马克思感到，现实生活并非如黑格尔所设想的那样是依靠客观精神自在运动的，国家也并非最高的伦理实体的体现。相反，市民社会才是最高的伦理实体。市民社会是人与人之间展开物质交往和实现基本利益的生活载体。并非伦理国家决定市民社会，而是市民社会决定伦理国家。人与人之间按照趋利避害的利己主义的方式，也就是爱尔维修所说的"享乐和正确理解的个人利益"，构建了市民社会，成为国家存在的现实的物质基础。马克思和恩格斯通过指出市民社会是生活主体的现实环境，把被黑格尔和青年黑格尔派所轻蔑的领域重新颠倒了过来。

市民社会决定伦理国家，而不是相反，意味着市民社会才是道德的利益基础。这就把青年黑格尔派所主张的自我意识作为绝对观念统治一切的做法进行了彻底的批判和否定。青年黑格尔派的自我意识是对黑格尔的客观精神的改造，通过抽象的道德说教把现实的生活问题转化为思辨的观念问题，从而实现自我意识对客观物质世界的统治。马克思和恩格斯指出，把自我意识当作最高的伦理实体，以为自我意识创造了世界和历史，其实是一种自我意识与现实生活的本末倒置。自我意识本来只是对现实生活的观念映现，在思辨唯心主义者的眼里却成了具有普遍性的化身，甚至成为能够决定一切的伦理实体。这种无视现实生活对于观念世界具有决定性和基础性的做法罔顾事实真相。与此相反，市民社会是人与人之间在现实生活中进行交往的基本形式。它不应被观念世界所取代，也不应被青年黑格尔派所蔑视，反而应该被重视和尊重。因为市民社会就是人对现实生活的实际的表达，是人在真实的生活中得以存在的社会形式，是决定伦理国家的现实载体。在市民社会中，人与人之间按照利己主义的方式展开自身的存在。以利益为纽带所建立起来的人与人之间的社会关系正是人类历史发展的"斯芬克斯之谜"。也就是说，市民社会是人类伦理关系的发源地，是道德的物质利益基础。而伦理国家作为体现个人利益的普遍意志而形成的伦理实体，正是为了服务市民社会中的个人，为了实现人与人之间的利益，为了解决人们之间的伦理纠纷而存在的。这是伦理国家存在的基本意义，也是它展开自身存在的基本方式。

既然市民社会是伦理道德的利益基础，那么市民社会的生活主体才是最高的道德主体，才最有资格对自己的生活进行伦理道德的价值判断。马克思和恩格斯通过对市民社会的研究，发现人的现实生活正孕育在市民社会之中，对市民社会的关注就是对现实生活中的人的重视。换言之，市民社会通过建立道德的利益基础，确立了现实生活中的真正的道德主体。他们发现，在资本主义社会中，一方面孕育出有着具体利益需要的现实的人；另一方面资产阶级却通过占有私有财产剥夺了无产阶级的现实利益。资产阶级为了方便对无产阶级展开统治，就通过虚假的道德说教奴化无产阶级，其本质在于扼杀无产阶级的具体需要和现实利益。于是，在市民社会中出现了资产阶级虚伪的道德说教与无产阶级无法成为道德主体的矛盾和冲突。无产阶级作为市民社会的生活主体，本身在资本主义的经济关系当中创造着现实的物质财富，本应对这些物质利益有着具体的需要，理所应当地建立起自己的伦理关系，可是在现实生活中，他们却过着一无所有的生活。无产阶级在这样的生活条件中不仅不能成为最高的道德主体，而且连最为基本的人性也遭到了扼杀。"如果无产阶级不消灭它本身的生活条件，它就不能解放自己。如果它不消灭集中表现在它本身处境中的现代社会的一切非人性的生活条件，它就不能消灭它本身的生活条件。"① 马克思和恩格斯认为，无产阶级才是资本主义社会的真正的最高的道德主体，对自己要过怎样的生活最有发言权。这也就意味着，无产阶级对生活条件是否达到了非人性的顶点，有着自己的伦理道德的判断标准。当无产阶级认为自己连属于人的基本的外观都已经丧失的时候，它只能通过消灭自身存在的生活条件，重新争取自己的现实利益，进而真正实现自己的尊严和价值。这就是无产阶级对自己解放自己所做出的价值判断。

《神圣家族》的伦理原则是立足于现实生活中的物质利益。这就告诉我们，这本书的整体伦理思想是，批判资本主义社会无法解决无产阶级普遍贫困的生活状况，无法实现无产阶级要求改变非人性生活条件的现实要求。因此，马克思和恩格斯开始从《1844年经济学哲学手稿》中对异化劳动所造成的人的异化现象的抽象批判，转变为开始关注人在现实生活中的具体

---

① 《马克思恩格斯文集》第 1 卷，人民出版社，2009，第 262 页。

的物质利益问题。然而，他们对资本主义社会经济问题的分析并非要当国民经济学家，而是试图分析无产阶级普遍贫困生活产生的根本原因，以此引起对市民社会的分析，从而指出无产阶级应当肩负起解放自己的历史使命。他们指出，无产阶级应当在资本主义社会中开辟出人类未来社会的理想图景。《神圣家族》就应运而生，为无产阶级的抗争提供了科学的理论指导。从这一视角来看，马克思和恩格斯在超越青年黑格尔派的思想转型期，所合作撰写的首部著作中就蕴含着高于资产阶级经济学家的纯粹经济视阈的思想。他们不会像站在资产阶级立场上的青年黑格尔派那样，一味地"悬置人的具体生存发展条件和现实需要，以抽象的人性预设为出发点，把人的自由、完善或发展这样的命题诠释为个体内心的道德体验、意志指向或应然的生存状态"①，而是把现实生活中的物质利益确立为现实生活中的第一个伦理原则。

三 《神圣家族》在马克思恩格斯整体伦理思想中的地位

马克思和恩格斯在《神圣家族》中，立足人的生活条件和实际生活来把握伦理道德问题。他们没有就道德问题来纯粹地讨论道德问题，而是从生活的源头上探究道德的来源。这样做既不会发生道德与生活的本末倒置，也不会发生用道德来剪裁生活的片面理解，能够看到人在现实生活中的真实道德处境，从而可以更加全面客观地把握道德。无怪乎有学者认为，马克思和恩格斯是以解决人在现实生活中的实际问题为研究伦理道德问题的价值圭臬，并指出"人的现实性并不表现为纯粹的道德属性。现实世界总是一个善恶交织的世界，生活在社会下层的民众受到各种盘剥和压力，因而在他们身上必然也会存在着各种各样的陋习甚至是不文明的举止，但是这都是现实世界的罪恶在他们身上所打下的烙印，并不是他们本然的属性"②。然而，青年黑格尔派并不从资本主义社会充满罪恶的现实生活入手，

---

① 李培超：《个人自由全面发展的实现——论马克思〈1857—1858年经济学手稿〉的伦理主题》，《湖南师范大学社会科学学报》2010年第6期。
② 李培超：《〈神圣家族〉的伦理思想探析》，《伦理学研究》2012年第6期。

研究无产阶级过着普遍贫困生活的原因，而是用他们所主张的抽象道德观念来剪裁社会下层民众的生活，把下层民众在现实生活中所遭受的苦难视为基督教式的原罪，还对他们"拯救"这些人的做法感到心满意足。这就激起了马克思和恩格斯的道德愤慨。他们把青年黑格尔派讽刺为占据道德制高点并自以为是的"神圣家族"，决心用《神圣家族》来驳斥思辨唯心主义的全部谰言。

这表明，《神圣家族》在马克思和恩格斯的整体伦理思想中占据着举足轻重的地位。正是在这本书中，他们表现出了对人们在现实生活中的物质利益的极大关注，从而引起了他们从抽象的道德争论转向了生活伦理的研究。马克思和恩格斯的整体伦理思想经历了这样的过程，即从启蒙思想的影响到与青年黑格尔派分道扬镳，从对爱尔维修伦理思想的肯定到对市民社会作为伦理实体的分析，再到后来所确立的人的自由全面发展的价值目标。《神圣家族》中的伦理思想在他们的整体伦理思想中起到了承上启下的理论枢纽的作用。

受近代启蒙思想的影响，早期的马克思和恩格斯把人的自由问题作为核心的关注点。他们认为，人的本性是自由的。任何人都有自由选择命运的权利。道德也是人的自由的重要组成部分，宗教道德因为限制了人们选择信仰的自由而摆脱不了它的虚伪性。启蒙思想在此时像火一样照亮了青年时期的马克思和恩格斯，但也使他们对自由和道德的理解停留在抽象的思维认识层面。当他们步入残酷的社会以后，才逐渐认识到，诸如自由和道德等问题靠抽象的讨论无法得到解决。费尔巴哈的人本学唯物主义像一阵春风，吹醒了沉浸在青年黑格尔派之中的马克思和恩格斯，使他们意识到人和动物一样都是感性的存在物，必须首先解决日常生活中的衣食住行问题。他们这才发现道德是受生活影响和制约的。爱尔维修把道德与利益结合起来的讨论，让习惯于进行抽象道德争论的形而上学威信扫地。马克思和恩格斯开始自觉地在社会生活中观察人的一切活动。他们发现，人与人之间的利益往来都是在市民社会中展开的。在市民社会中产生的人与人之间的物质利益才是整个人类全部道德的基础，群众作为市民社会的生活主体才是最高的道德主体。然而，青年黑格尔派却无视处于社会底层的群众，从来不关心他们过着一种怎样的非人性的生活，却鼓吹作为最高伦理实体的自我意识，并用这种自我意识对群众进行虚伪的道德说教。对此，马克思和恩格斯批判地指出，应该从物质的生活关系中寻找道德的根源，对人在现实生活中的物质利益的关注就是在关注人的道德问题。这样，他们在确立现实生活中的物质利益为首要的伦理原则之后，就找到了正确分析资本主义社会伦理道德问题的科学途径。他们认为，无产阶级只有通过改变非人性的生活条件，消灭资本主义社会无法再回避、掩饰和抗拒的贫困状态，才是自己在解放自己，才是朝着自由而全面发展的目标进行抗争。也就是说，马克思和恩格斯把人的本质问题（包括道德在内），放到了具体的历史语境、社会背景和生活条件当中来进行考察，认为只有人的自由而全面发展的终极价值目标最终要落实到人的生活当中来实现，才是未来社会的理想图景。

要实现人的自由全面发展，就要把作为生活主体的人确立为人类历史的第一个前提。生活主体是马克思和恩格斯创立历史唯物主义的前提，也是他们表达无产阶级的伦理道德思想的出发点。通过指出青年黑格尔派思辨唯心主义道德观的局限性，马克思和恩格斯批判了鲍威尔等人所鼓吹的鲁道夫这一抽象的道德形象，转而从人与人之间被异化的社会关系出发还原群众道德的真实处境，进而逐渐形成了历史唯物主义的道德观。他们一方面对青年黑格尔派的抽象道德观念进行了无情的批判；另一方面肯定了在现实生活中有具体的物质需要和利益追求的生活主体的道德地位，认为历史就是在人类的生活实践中产生和发展的。人类历史就是人类生活发展的历史。然而青年黑格尔派却主张，作为永恒本质的自我意识创造着历史，陷入了观念决定论的怪圈。马克思和恩格斯通过将人的生活置入具体的历史语境（指资本主义上升期的历史阶段），强调并没有某个永恒本质的东西作为目的规定着历史的发展，相反人在现实生活中总是作为生活主体创造着历史。可见，将"生活"概念置入人类历史的发展进程，将历史理解为是让人过更好生活的一种展开过程，本身就表达了一种强烈的人文主义情怀。这种价值追求恰恰是《神圣家族》伦理思想的内核，也是马克思恩格斯整体伦理思想的核心。

马克思恩格斯整体伦理思想的理论基石是让人过更好的生活。这种更好的生活就是，人能在现实生活中不断实现自由而全面的发展。马克思和恩格斯以能让人过更好的生活为最高的伦理道德追求，从而对生活主体的肯定和强调为这个最高价值目标的实现奠定了理论基础。马克思和恩格斯由此开始批判抽象的道德主体，转而关注现实生活中的人本身，以改变现实的人的生活条件为目的，并强调依靠处于社会底层的群众的实践力量来实现无产阶级解放自己的目标。这就使马克思和恩格斯把他们的整体伦理思想建立在实现无产阶级的现实利益的基础之上。所以，他们在《神圣家族》中反复强调，从无产阶级的现实利益入手，才是正确理解资本主义社会的切入点。否则的话，就会像青年黑格尔派那样，一旦离开利益的讨论就会陷入思辨唯心主义的泥淖，就必然会使自己出丑。马克思和恩格斯还认为，"要想站起来，仅仅在思想中站起来，而让用思想所无法摆脱的那种现实的、感性的枷锁依然套在现实的、感性的头上，那是不够的"[①]。要用指导无产阶级革命实践的科学理论改变无产阶级的现实生活，从而用无产阶级所开辟出来的能让人过更好生活的历史，取代非人性的资产阶级历史。这正是历史唯物主义展开自身逻辑的生活呈现。

由此可以看出，《神圣家族》表明了马克思恩格斯整体伦理思想的逻辑归宿，即他们立足于无产阶级的整体利益，始终关注着人类的现实生活，并在能让人过更好的生活中实现人类的解放。这正是历史朝着人类未来社会发展的价值立场。还需要指出，从唯物主义的历史视阈来看，人的伦理道德问题归根结底是人的问题。人是产生伦理道德问题的根源，也是解决伦理道德问题的归宿。只有关注人的生活，才能真正解决人的伦理道德问题。这说明，人的伦理道德问题不是历史中永恒存在的概念。人的伦理道德问题只能是对特定物质生活发展阶段的观念反映。因此，人的伦理道德问题必然会存在一个产生、发展和灭亡的过程。马克思和恩格斯在《神圣家族》中，通过批判青年黑格尔派道德主张的虚伪性，揭示出无产阶级对自己解放自己的道德要求，而在之后的《德意志意识形态》《共产党宣言》和《资本论》等著作中则阐述了无产阶级通过解放自己而实现自己的伦理道德主张。这就意味着，基于特定历史阶段而产生的特定伦理道德要求，在未来的理想社会中将失去特定的历史语境。而在未来的理想社会中，人

[①] 《马克思恩格斯文集》第1卷，人民出版社，2009，第288页。

的实践活动不会被限定在特定伦理道德主张的范围之内，而是在可以自由全面发展的社会关系当中实现自己的解放。这正是马克思恩格斯整体伦理思想的终极价值追求。

【执行编辑：刘　冰】

研究动态

Research Trends

马克思主义价值哲学思想及其中国化

——第二十一届中国价值哲学年会综述

张　旭　戴圣鹏[*]

由中国价值哲学研究会主办，华中师范大学马克思主义学院承办的以"马克思主义价值思想及中国化"为主题的第二十一届中国价值哲学年会于2019年5月18—19日在华中师范大学召开。来自中国社会科学院、北京大学、中国人民大学、北京师范大学、中国政法大学、南开大学、武汉大学、华中科技大学、西安交通大学、上海大学、上海财经大学、东华大学、东北师范大学、陕西师范大学、湖北大学等高校、研究机构从事价值研究的专家学者和媒体记者120余人参加了会议，并围绕以下几个主题进行了热烈的讨论。

一　回顾传统：五四运动与新中国历程的价值论审视

恰逢新中国成立70周年和五四运动100周年，回顾中国价值论研究历程，反思五四新文化运动的当代价值因此成为学者们讨论的热点话题。中国人民大学龚群教授指出，理解五四精神的关键在于，不能局限于"小五

---

[*] 张旭，华中师范大学马克思主义学院马克思主义哲学2018级硕士研究生；戴圣鹏，华中师范大学马克思主义学院副教授，主要研究方向为马克思哲学、黑格尔哲学与马克思主义文明观。

四",即在 1919 年 5 月 4 日当天发生的政治运动,而应当着眼于整个五四新文化运动时期。西北政法大学刘进田教授认为,五四运动是中国新文化、新价值的历史起点和逻辑起点,五四运动后百年时间,中国人民不断以实践构建着以个人、国家、民族为内容的新价值主体,以幸福、正义、崇高为取向的新目的价值以及以科学、民主、法治为手段的新工具价值,这三者构成了中国的新文化价值观。东华大学贺善侃教授则提出,爱国主义是五四精神的核心价值取向,新时代的爱国主义提出了新要求,包括社会主义现代化强国目标、社会主义核心价值观和改革创新的时代精神,新时代的爱国主义更应该体现出理性的思维、开放的心态和发展的眼光。中国人民大学马俊峰教授指出,五四精神是近代中国建立精神家园的命脉,然而科学、民主、进步、爱国的五四精神之间甚至每个精神自身内部都呈现出一种张力。反思现实的精神状态,规避消极动力,更好地继承和发扬五四精神依然是我们当下的时代任务。北京大学杨学功教授介绍了张东荪的著作《价值哲学》,并指出随着认识论的发展,追问知识的有效性是一种必然,因而价值论研究是现代哲学的一种趋向。西安交通大学李永胜教授分析了新中国成立以来社会价值观的变迁,认为在价值取向、价值主体、价值标准和价值目标等诸多方面,其都呈现出从解构经由反思再到整合重构的辩证发展过程,昭示出从客体到主体、抽象到具体、解构到建构的发展规律。华侨大学薛秀军教授提出,从文化独立,到文化自觉,再到文化自信,反映了新中国成立 70 年以来文化追求的嬗变,彰显着中国社会主义现代化对自身发展和对自身与世界关联互动的不断反思。进一步坚定文化自信需要以新的视阈审视和定位中国特色社会主义的文化内涵、历史使命与世界意义,实现面向现代生活、面向世界多元价值的整合与创新。

二 着眼现实:新时代、新挑战与新价值思维的构建

中国政法大学李德顺教授指出,当今世界正处于大发展大变革大调整时期,新的时代需要新的觉悟和新的价值导向,如何构建符合时代发展的新的价值思维,为世界共同发展提供新的价值共识是当前价值哲学研究的前沿主题。回顾一战以来的人类近代史,过去的价值思维首先是丛林法则、

弱肉强食、两极对立的斗争思维，而在苏东剧变之后，自由主义一元化的"普世价值"大行其道但并不能做到完全一统，用过去的思维方式处理新问题会陷入两难困境，应当转变价值思维，寻求多元主体和而不同的共赢价值。东北师范大学胡海波教授从哲学思维方式的角度提出了同样的问题，认为现代的价值思维受传统的实体论、本体论思维方式的影响，表现为鲜明的两极对立，新时代价值哲学应当转向平等价值的重构，从马克思批判神性、提倡人性的实践的活动中汲取营养，发扬马克思主义的价值思维。北京师范大学沈湘平教授从当下的国际形势出发，提出变局背后反映的是价值观的变化，现实困境亟须转变价值论研究范式，发展与时俱进的价值观，坚持公共的底线价值，从而为新局提供中心，从容面对他者。湖北大学江畅教授认为，新时代价值哲学研究面临的具体问题主要有价值体系的完善、社会认同及对当代治理的融入、人类共同价值体系的理论构建、中国特色社会主义价值体系的构建等等，这些问题的解决需要不断深入现实进行理论思考。武汉大学汪信砚教授具体探讨了构建人类命运共同体的价值论意涵，指出人类命运共同体的核心意涵在于共同的根本利益促成的共同根本命运，从这个角度来说，人类命运共同体指的是在当前的境遇下，不予以解决就难以为继的全球问题所造成的、以否定形式表现的共同的根本利益，这种共同的根本利益是各种特殊利益的基础；人类命运共同体的构建应当是一个实然迈向应然、否定形式到肯定形式的过程，而这个过程的发展，需要积极的共赢共享的新理念新价值观做支撑。华中师范大学龙静云教授则从伦理学的角度思考人与自然的关系以及新时代发展价值观的构建，提出应当倡导一种以自然为根的绿色伦理价值观。

三 展望未来：人工智能的冲击与价值论研究

人工智能产业的迅猛发展，在使"智能时代"成为大势所趋的同时，也给人们生活的方方面面带来了巨大的冲击。如何看待人工智能的意义和价值，如何应对其对传统价值论的挑战，成为学者们关注的问题。上海大学孙伟平教授指出，传统观点一般将价值看作与人相关的、主客体之间的某种关系，并且劳动才是创造新价值的源泉，而现在人工智能对这些判断提出了挑战，审视过去的价值观，深入思考智能时代所需建构的新价值观，是价值论学者的使命。华中师范大学林剑教授认为，人工智能成为资本奴役人、排挤人的工具，使得个人越来越处于不利地位，这种情况在资本的统治下不仅是可能的而且是必然的。但是，生产自动化本身符合唯物史观的历史预期，机器人产生的问题也为解决问题提供了条件。因为生产工具代表了时代的生产力发展水平，并且要求着与之相符的生产方式变革。从手工制作到机器化大生产，再到智能自动化，意蕴着封建社会到资本主义社会从而向未来的共产主义社会的过渡。劳动方式的这种革命性变革，意味着人从简单的生产过程中解放出来。自由时间的增多，为有个性的人的自由而全面的发展创造了条件。上海社科院黄凯锋研究员从人与自身、人与他者、人与宇宙的关系三个维度，探讨了人工智能给人的自我完善带来的全新改变，认为人工智能在为个体专注自身、实现自由创造条件，改变并拓宽人与他者交往的手段和形式的同时，也促使我们必须重新思考自由意志、他者与终极性问题。山东大学刘陆鹏教授提出，人工智能的发展，将促使人类从生产领域中"解放"出来，拥有更多的自由时间，但是另一方面，在马克思主义的视阈中，劳动是人的本质活动和存在方式，这其中的张力是值得我们思考的。陕西师范大学寇东亮教授则认为，人的劳动本质恰恰凸显了人的自由，因为在马克思那里，劳动是一个关涉人的自我解放和自我实现的具有多重意涵和自由意蕴的总体性范畴，"物质变换"意义上的劳动概念凸显"必然王国"的自由，"谋生手段"意义上的劳动凸显"偶然王国"的自由，而"第一需要"意义上的劳动凸显"自由王国"的自由。

四　立足基础：马克思主义价值论与价值研究基本问题

上海大学陈新汉教授探讨了人文精神在价值世界构建活动中的地位和作用，认为人文精神是人类实践在意识中的历史积淀，它通过意志的中介体现为作为载体的价值理性和工具理性，使主体在构建价值世界的活动中发挥能动性，人类通过价值理性和工具理性对世界的认识与实践把握，体现了人文精神对构建价值世界活动的"实践阐释"。华中科技大学韩东屏教授具体分析了价值意识的定义、形式和分类,认为人的意识的定义应当被修改为人脑的信息性活动,而信息可界定为存在者显现的媒介。意识活动包括反映、感想、反思和想象,后三者都是价值意识。价值意识还可以有理性与非理性之分,理性价值意识包括价值知识、价值观念、价值理想和价值智慧,非理性价值意识包括欲望、情感、意志和价值直觉。在如何理解价值这一问题上,华中科技大学王晓升教授提出,近代哲学中的认识论模式——从客体满足主体的角度来理解价值是主要模式,然而从存在论的角度,对价值会产生新的理解:价值就是含义关联整体所表达的意义,因而真理和价值是结合在一起的。在价值观的培育上,上海大学吴立群教授提出,价值观自信教育在大学生成长过程中所发挥的引领性作用及其所产生的有效性成果,均与其所依托的话语体系密切相关,考察传统文化话语体系中儒家"仁"与"礼"的引领性与有效性,可以为当今的价值观自信教育提供积极的思想资源。就价值研究的领域和角度问题,湖北大学戴茂堂教授表示,价值问题可以有宽广的领域,但是开放包容的同时不能扩展到无边无际,自说自话。另外,价值问题是形上的终极追问,不能被还原为事实问题,而就形上特性来说,从审美角度来理解、研究价值是一个比较新的思路。上海财经大学裴学进教授则总结了近年来学界对习近平关于社会主义核心价值观的重要论述的研究,指出这些研究推进了核心价值观的时代化、大众化,但在研究领域、研究视角和研究方法等方面尚有进一步拓展与创新的空间。

【执行编辑:尹 岩】

人是价值论研究的永恒主题

——"价值与人"高端学术论坛综述

赵精兵[*]

2019年6月22—23日,由西北政法大学文化与价值哲学研究院、马克思主义学院主办的第一届"价值与人"高端学术论坛在西北政法大学举行。来自西北政法大学文化与价值哲学研究院、马克思主义学院和上海大学价值与社会研究中心的价值论研究的专家、学者参加了本届论坛。本届论坛的主题是"价值与人",专家、学者们围绕这一主题进行了深入的讨论与交流。讨论主要涉及以下四个方面的问题。

一 价值与人的关系的新探讨

上海大学孙伟平教授在《价值与人》一文中指出,价值问题的全部秘密就在于人。没有人,在人之前或之外,根本无所谓价值;离开了人,拒绝从人出发,拒绝以人的尺度为尺度,以人的生活实践为依据,价值也不可能得到适切的说明,因此,价值是属人的范畴,人是理解价值问题的关键。他从三个方面进行了具体阐释:首先,人通过自己的劳动实践活动自己创造出自己,人自身的活动,就是人之为人的根据;人在通过自己的活动创造自身的同时,也改造了外部世界,使它变成"为人的存在",即属人世

---

[*] 赵精兵,西北政法大学文化与价值哲学研究院讲师、哲学博士,主要研究方向为价值哲学。

界；人还力求使这种"为人的存在"（即属人世界）不断拓展，不断成为更合乎人的理想的价值世界，因此，人是价值问题的出发点。其次，世界上本无所谓价值，正是在人和人的具体的历史的现实生活实践中，人改造、变革了世界与人自身，赋予了这个世界和人自身以价值，因此，价值是一个属人的范畴，人是一切价值的前提。再次，人不仅是一种自然的、事实的存在物，更是一种价值的存在；人的价值是丰富而复杂的，它既可能是内在的价值，与其生命存在、生活与活动相联系，同时又可能是外在价值，与其社会生活、实践、交往相联系；人的全部价值活动（包括价值评价、选择和创造等），是人自己成为自己，人自己提升自己、拓展自己的本质的必然途径；价值活动过程是人自身追求自由、奔向自由、实现自由的过程，因此，人与其价值生活、实践具有直接同一性。

西北政法大学刘进田教授在"重视价值就是重视人"的发言中首先提出，价值哲学研究的是价值一般或一般价值，不是经济学上的使用价值，也不是有价值的事物，在理解哲学价值的实质时，有必要把"满足需要"与"能力发挥"区别开来，"满足需要"是经验价值、功利价值、幸福价值；"能力发挥"是超验价值、超功利价值、崇高价值；价值的根本是人本身，即以实践为基础并包括实践在内的"人性能力"。刘教授还指出，在人与自然的关系中，人追求的价值是幸福价值，重视幸福价值必然带来对科学价值、技术价值、创造价值、人才价值以及权利价值等相关价值的重视；在人的社会关系中，人追求的是正义价值，尊严价值突出地体现着人之为人的独立性、自主性和人本性；从幸福到正义再到尊严是我国价值实践中拾级而上的正确价值排序，唯其如此，人本身之价值才能全面实现。

上海大学刘冰博士探讨了弗莱堡学派传承者闵斯特伯格对价值含义的解读及其价值世界图景的构建：闵斯特伯格从价值的定义入手，分析了价值与应当、价值与意志的关系，认为价值可以解释为一种义务上的应当，但在更深层的含义上，价值是意志目的的实现，实现则意味着同一性的满足，即意志目标和意志实现的同一，因而价值真正的内涵在于意志目的同一性的实现；闵斯特伯格还认为意志的同一持存展现为真，意志的同一和谐展现为美，意志的同一实现展示为善，最后意志的完整性则体现为真善美的和谐统一，最终价值世界在这种同一、统一中构建起来。刘冰博士认为，闵斯特伯格以此来对抗他所处时代的自然主义、相对主义和怀疑主义倾向，这对面临类似问题的当今社会而言，无疑具有借鉴意义。

二 价值与社会的新透视

上海大学陈新汉教授在以"论社会自我批判中的忧患意识"为主题的发言中，着重探讨了社会的忧患意识。陈教授指出，在社会自我批判中，社会忧患意识的形成和弥漫当然离不开个体意识，并且必须最终归结到"只是由于个人意识中的情感和信仰而存在"，否则就不能发生作用，但其源主要来自社会自我批判自身。在社会自我批判的情势下，有统治阶级自上而下地、有机地进行的社会自我批判中形成的忧患意识；也有生活在社会中的广大民众以"无机"方式呈现出来的"自下而上"的社会自我批判中形成的忧患意识。这种"自上而下"态势的、由国家权威批判活动形成的忧患意识和"自下而上"态势的、由社会民众批判活动形成的忧患意识相互作用，使社会忧患意识不断地发酵并弥漫在社会的各个方面，以集体意识的形式存在。陈教授认为，涂尔干的集体意识思想对于理解弥漫于社会各个方面的忧患意识有重要的启示意义。在社会自我批判中，以集体意识形式存在或以集体无意识形式存在的忧患意识弥漫于社会之中，必然会以忧愁、激愤、悲伤、紧张、烦恼等情感的方式激发生活于其中的主体。主要表现在：① 动员作用；② 聚焦作用；③ 担当作用。最后，陈教授认为，社会思潮通过体制内和体制外的各种途径表达出来，最能体现社会评价活动。社会自我批判中的社会忧患思潮可以分为：以社会理论形态表现出来的"潮头"，和以社会心理形态表现出来的"潮流"。社会上层和社会下层的"弄潮儿"相互作用与呼应，对社会自我批判产生重大影响，社会下层和"潮头"表达出来的观点相与呼应就形成"潮流"。"潮头"和"潮流"之间的"相与呼应"，形成了波澜壮阔的社会忧患思潮。作为"潮头"的"弄潮儿"，与作为"潮流"的社会民众共同构成了社会忧患思潮的主体。在社会自我批判过程中，不仅要充分肯定社会自我批判所取得的成就，也要不回避社会在变革的快速发展所积累的深层次问题，要鼓励社会忧患思潮的发展，做到警钟长鸣。

上海大学尹岩副教授探讨了个体化时代中个体的确立和认同问题。她认为，个体化是现代分工基础上的高度分化社会的结构性特征，其主旨是确立个人合法的主体地位与性质，形成以个体为基本单位的社会的基本结构、运行机制以及整合方式；个体化事件中的个体并非自由的个人，而是个人主体，即具有独立存在意义和自主人格特征，在社会关系中享有主体地位和权利与责任的个人；把社会成员铸造成个体是现代社会的特征，个体化的最大意义在于它是个人自主生活的一种社会机制，即个人通过普遍的交换关系在社会中获得独立和自主的机制。她指出，个体认同是指一个人在心理和行为上使自己成为个体，从而发展个性的过程，个体认同的实现是个人生存与现代社会价值体系相契合的精神表征，其实质性过程发生在个人以个体为目标的自我创造中，真正实现于以个体身份展开、以身体为载体或目的的工作、消费和社会交往等生存活动中，在社会认同、社会共识和社会信任的基础上才能实现。她最后提出，个体认同是中国现代化的巨大历史挑战，对个体认同这一全新的认同形式进行深入、系统的研究，既是中国社会提高个体认同水平的迫切需要，也是中国社会现代化顺利进行的基本要求。

上海大学邱仁富副教授在"人的现代化及其价值审视"的发言中提出，要从价值观角度去把握人的现代化。他认为，现代化的本质在于人的现代化，而人的现代化又与人的价值观密切相关。一是推进人的现代化须凸显主导价值。人的现代化作为一种过程要在价值层面上给予引导。面对当前价值概念的多样性、复杂性情况，亟待在价值层面进行资源整合，给人比较清晰的价值导向，创构有利于人的现代化发展的价值导向，实现主导价值在社会多样性价值中立主导、定方向、谋共识。二是推进人的现代化须加强主导价值观融入社会治理。一个社会的主导价值观唯有融入社会治理才能更好地发挥力量。当前在推动国家治理体系和治理能力现代化进程中，亟待深化体制机制改革，对社会运行机制进行结构性升级和优化，把更有利于推动人的现代化发展的价值思维、价值观念真正融入整个体制机制的设计和安排之中，从根本上解决体制机制设计的价值缺陷，避免价值盲区，克服价值乏力，形成一种能够面向世界问题的价值思维引导的制度安排，在社会的现代化进程中推动人的现代化发展，并以人的现代化发展推动社会的现代化进程，构成一种良性的互动。三是推进人的现代化亟待创构人的生态。人的现代化离不开人所处的生态，在信息化时代，人与信息的相互关系创构了一种独特的生态，即信息化的人的生态。在这个生态中实现社会各种复杂的、超复杂态的社会关系、利益关系、网络关系等在更高层次上进行整合和重组，真正使人的自由个性得到充分发挥，进而更高层次推动人的价值的自我实现、自我创构。

上海大学杨丽博士探讨了核心价值观念的规范有效性问题。她认为，内在的规范有效性首先是对个体有效，一种文化的核心价值观念的规范有效性就个人而言在心，即在"心灵"的精神、情意上，而文化的生长和发展根植于有一个健康而合理的"社会"，一个健康而合理的社会靠国家实施法治；传统非国家的社会和现代非社会的国家的一种创造性综合，这种综合的成果是"法治社会"，所以，核心价值的规范有效性在于维护一个真正将人民联合起来的法治社会的文化空间。最后，她提出，国家在"法治"上起引导作用，而文化本身的发展则应回归社会伦理本位。

三　中国传统哲学中"人的价值"思想的新反思

西北政法大学资深教授赵馥洁做了题为"人道的升值"的主旨发言，从中国哲学的角度论证了轴心时代确立的"立人"观念的重要价值和哲学意义，指出诸子百家在人神关系、人兽关系的反思中确立了人贵观念，在百家争鸣中提出了提升人的价值的方式，如儒家的以仁义立人，墨家的以劳力生人，道家的以大道化人，法家的以法律治人。赵教授认为，这些思想对中华文化产生了重大意义，锻铸了中华传统文化的人文精神、人道主义内涵和人（民）本主义意识。

上海大学吴立群教授以吴澄为例对儒家的价值观进行了本体论考察，指出儒家历来重视教化，理想人格何以可能及如何实现是儒家价值观的中心论题。心性论是儒家价值观的本体论基础。吴澄作为元代大儒具有强烈的历史使命感与社会责任感，他吸收张载"弘心""大心"的思想，以"弘"统贯心之知觉、主宰、道德三义，提出"心即仁""心具理""心统万理"的思想。吴澄认为"天地之性"与"气质之性"本不相离，二者一为潜存，一为现实。吴澄以"天爵"指称天理,以"人爵"指称人欲。"天爵"源于人之"天地之性",人们只要反求诸己即可求得。他以真金百炼为喻,说明天爵与人爵、天理与人欲之关系。在回答理想人格何以可能的问题时,儒家的做法是将人性上达天道,从而为理想人格的实现建立形上根据,最终实现天人合德。在天道与人性之间,吴澄强调反求诸己的主体自觉,以补救对天道的过于强调所造成的偏失。天道与人性便统一于心。吴教授认为吴澄对儒家价值观心性论基础的阐发突出了理想人格塑造中的主体精神,增强了人的道德自信心和责任感,在今天仍然有启发意义。

西北政法大学赵精兵博士从现象学角度阐释了儒家的仁人爱物思想。他指出,仁爱是一个动态的彰显过程,应该理解为"仁其人""爱其物";仁爱是儒家的原初生命体验,具有直接性、非计算性;在仁里面还有"如其仁"的层面,借此可以通达本真的他人经验,而不需要像庄子一样齐物;仁爱更是一种具身经验,这一点从孝上能最明显地体现出来。赵博士谈到了从仁人爱物到民胞物与的扩展,他指出这是一个从自发到自觉的过程。张载首先通过大心将德性之知和天德良知在诚明上面打通起来;其次将仁爱扩充到民和物,这是对天体一体之仁的体认;最后将仁爱与万世太平联系起来,这就使仁爱超出了经验的范围,达到了天德的境界。随后,赵博士探讨了仁爱的认知结构,认为仁爱具有不忍、感同身受和如其仁三个环节,这与现象学的他人经验分析具有可比性。最后,赵博士讨论了仁爱与价值理性的关联:理论与实践的划分是认识论框架,认识与评价的划分以评价为基础才是价值理性框架;德性之知如"仁爱"和见闻之知如"认识",它们的动力结构是不同的,仁爱靠的是意志,认识靠的是知觉,这个区分与心和脑在认识及思维上的不同作用密切相关,仁爱的实践不是知行关系,而是践行关系。

西北政法大学张浩博士对老子圣人观做了重新解读,阐发了圣人的四重内涵:在形上意义上,圣人是与天道合一的道者;在政治层面,圣人是无为而治的王者;在修养方面,圣人是体愚的愚者;在明辨方面,圣人是见微知著的智者。他指出,首先圣人非现实统治者,而是关心生存之道者;其次圣人非权谋论者,而是超越政治的无为而治者;再次,圣人非愚民论者,而是为道体愚的愚者;最后,圣人非反智论者,而是见微知著的智者。

四　价值观问题的新探索

上海大学彭学农副教授带来了一篇专门介绍马克思主义生态学争论的文章，他首先讲述了休斯的非工具性人类中心主义自然价值观，然后阐述了伯克特对休斯的关键性批评，即休斯的非辩证的人与环境关系观念。休斯认为非人类中心主义伦理学区分工具性价值和非工具性价值很有意义，从这个关系出发，可以把具有自身内在善的繁荣的事物分成生命中心主义者的个体生物和生态中心主义者的生态系统。但这里引出了整体论伦理学对人的生命的亵渎的问题。与生态中心主义相关的深生态学是非工具性价值观，即把事物的繁荣看成人类的幸福的组成部分。休斯由此提出了一种广义的非工具性人类中心主义自然价值观。对于非工具性价值，休斯只考虑人如何从人类的关切之外来为其作出道德决定。伯克特肯定了休斯的做法，认为休斯超越二分法的非工具性人类中心主义观念主张自然对人类具有非工具性价值，并且将人类中心主义扩展到包容自然的审美价值，有助于解决深生态学的难题并削弱了其对马克思的批评。但是，其非辩证的人与自然关系观念是一个关键的缺点。从辩证的角度看，自我—环境关系是一种差异中的统一，在这里，自我与环境是相互构建的，并且从生态学的角度来看，这一相互构建也是基本的。休斯回应说伯克特把身份与性质的相似混淆起来了。伯克特则反驳，上述论辩不仅仅是形式上的问题，更是一个实质上的问题。只有诉诸马克思主义辩证法，才能获得对马克思主义自然价值观的完整的理解和把握。伯克特认为，休斯对历史唯物主义作出了一个富有生态意蕴的解释，是分析马克思主义的一个重大创新，但休斯在理解人与自然的关系的时候陷入了方法论个人主义的困境，相反，伯克特则完整地阐述了历史唯物主义的社会建构性的自然价值观。

西北政法大学王轩博士提出了马克思人学治理的价值逻辑，他指出"精神生活健全人"的概念是马克思人学治理的起点和归宿。人以一种全面的方式，也就是说，作为一个完整的人，占有自己的全面的本质。首先，马克思精神生活治理逻辑是对自然、社会、精神思维领域的本原精神形态完整揭示、表达、改变的理论，是立自然、立社会、立精神的哲学形态。

其次，马克思的精神生活是一种以实践公共理性为核心特质的"治理型精神生活"，是社会建制治理变量充分参与到人与历史的治理中的实践，充分昭示了人是历史的治理函数这一实践运动的生存品性。他指出，从精神生活局限性的人到精神生活健全的人转换是人类追求自由、打破精神生活"个体主体性与公共主体"矛盾紧张之格局，获得精神解放的永恒性的过程。

西北政法大学郑毅博士从会通中西返本开新方面讨论了梅贻琦的大学教育思想做出的贡献。第一，梅氏认为中西大学教育有可通之处，西方的"一己之修明"与中国的"诚明"在开端上并无不同，只是后来才发生差异。第二，梅氏将大学教育分为"明明德"和"新民"两部分，格致诚正是明明德，修齐治平是新民，前者是修己之学，后者是入世之学，并认为中国的大学教育精神较之西方教育精神更多了一层入世之责任。第三，梅氏指出中国大学教育之弊有二：一是体认未尽；二是实践不力。其弊端是过于重视知识灌输和意志、情绪方面教育的缺失以及学生自身修养难以发展，其原因在于时间不足、空间不足和师友古人之联系之缺失。第四，梅氏认为，在新民教育方面，一个是大学生新民工作之准备，另一个是大学对社会秩序与民族文化所能建树之风气，并主张通重于专，尤重自由探讨之风气。由此可见，梅氏的教育思想在今天还是很有启发意义。

"价值与人"高端论坛是上海大学价值与社会研究中心和西北政法大学文化与价值哲学研究院联合创办的价值哲学学术论坛，其主旨是通过学术交流推动双方价值论研究的更高水平的发展。本次论坛作为首届论坛取得了圆满的成功，积累了丰富的经验，为上海大学与西北政法大学在价值论研究方面的交流、合作创造了新的平台和模式。

【执行编辑：尹　岩】